广允缅寺壁画

临沧市文化和旅游局
临沧市文物管理所 编

邱开卫 主编

云南美术出版社

图书在版编目（CIP）数据

广允缅寺壁画 / 临沧市文化和旅游局，临沧市文物管理所编 ；邱开卫主编． -- 昆明 ：云南美术出版社，2024.1

ISBN 978-7-5489-5359-3

Ⅰ．①广… Ⅱ．①临… ②临… ③邱… Ⅲ．①寺庙壁画－沧源佤族自治县－清代－图集 Ⅳ．①K879.412

中国国家版本馆CIP数据核字（2023）第111201号

选题策划：邱开卫　张文璞　肖　超
责任编辑：赵雪妮　孙小渊　戴　熙　韩　洁
责任校对：何　花　许　伟
封面设计：胡　伟　朱　妤　高　伟

广允缅寺壁画

临沧市文化和旅游局　编
临沧市文物管理所
邱开卫　主编

出版发行：云南美术出版社
地　　址：昆明市环城西路609号
制　　版：昆明集合企划设计有限责任公司
印　　刷：昆明亮彩印务有限公司
开　　本：787mm×1092mm　1/8
字　　数：200千
印　　张：27
版　　次：2024年1月第1版
印　　次：2024年1月第1次印刷
印　　数：1～1000册
书　　号：ISBN 978-7-5489-5359-3
定　　价：360.00元

编委会

总 顾 问：何强宇

顾　　问：刘　旭　　张永康　　马　波　　赵　云　　邱　剑

　　　　　邢　毅　　刘建安　　刘子中　　王立琛　　李福华

　　　　　吴学明　　吴永昌　　马　娟

主　　编：邱开卫

副 主 编：李义媛

特邀撰稿：赵云川　　韦　荃　　安　佳　　刘　洋　　王　锋

编　　辑：董　宏　　吴　静　　尚　琪　　杨　晗　　张世乿

图片采集：李　强　　吴守捷　　谢红梅　　李俊杰　　马　娟

绘　　图：杨　博　　穆文洋

编辑办公室：杨润娟　　杨　青　　龙发荣　　陈　宇

　　　　　沙顺梅　　董琴映　　汪彪彪

美术编辑：胡　伟　　朱　妤

序

云南是全国唯一保留有藏传、汉传、南传上座部三大语系佛教历史文化的省份，在云南众多的不可移动文物中，1988年就被国务院公布为第三批全国重点文物保护单位的沧源广允缅寺极具地域特色，它完美融合了南传上座部与中原汉传佛教文化艺术，殊为罕见。

缅寺，是云南傣族地区百姓对于佛寺的俗称。缅寺一般选择在高地或村寨中心建造，其布局没有固定格式，自由灵活，也不组成封闭庭院。寺院建筑由佛殿、经堂、山门、僧舍及佛塔组成。在传统乡土社会中，缅寺发挥着知识传播、宗教仪式等重要职能，为构建少数民族和谐社会做出了积极贡献。广允缅寺是滇西地区最重要的缅寺之一，它位于沧源佤族自治县城勐董镇大街北侧，俗称"学堂缅寺"，始建于清代中期，据载与耿马傣族土司有关。寺庙建筑风格保留了南传上座部佛教寺院的基本形式，又较多地受到汉式建筑风格的影响，是汉式建筑外形与傣族庭院内部装饰的有机结合。大殿为汉式建筑的三重檐歇山顶，梁坊门柱遍饰傣族传统"金水漏印"工艺，过厅左右二柱上两条木雕金色巨龙盘旋而下，造形生动，气势非凡。

最精彩的当属殿堂内外墙面及藻井的彩画，其内容依托传统佛传故事题材，表现方式却更加民俗化，主要有四种类型：粉墙壁画、板底壁画、布画、金水壁画。色彩以红、蓝、绿为主，红色鲜亮给人以沉稳庄重之感，蓝、绿的配置又有一种清雅的田园之风。壁画的构图布局富有章法，构思上受清代绘画思想和少数民族风俗影响，把佛传故事描绘得极具生活气息，其场面宏大，景物设置井然有序，人物造型准确，神态逼真，笔触流畅，赋彩朴实绚烂，是民族文化交往、交流、交融的结晶，是研究中国清代中央与边疆的重要史料，具有较高的历史、艺术和科研价值。

为了让更多人了解到广允缅寺壁画精彩绝伦的艺术，临沧市文化和旅游局和临沧市文物管理所编写了此书，书中收录了壁画彩图，书后附有国内学者对于广允缅寺的相关研究性文章以及壁画颜料检测报告，以供读者对广允缅寺壁画有进一步的认识和研究。《广允缅寺壁画》之付梓是临沧市文物工作者辛勤耕耘的结晶，也是我省文博界的喜事，它将为建设云南民族文化强省添砖加瓦，值得庆贺。

是为序。

张永康

2022年11月于昆明

目录 / Contents

一 墙面壁画

    1. 南墙壁画分布图 · · · · · · · · · · · 1

        南墙壁画整体、局部 · · · · · · · · · · · 2

    2. 西墙壁画分布图 · · · · · · · · · · · 24

        西墙壁画整体、局部 · · · · · · · · · · · 25

    3. 北墙壁画分布图 · · · · · · · · · · · 34

        北墙壁画整体、局部 · · · · · · · · · · · 35

二 馆藏壁画

    馆藏壁画整体、局部 · · · · · · · · · · · 49

三 金水漏印画

    金水漏印画整体、局部 · · · · · · · · · · · 79

四 镶嵌画局部

    镶嵌画局部 · · · · · · · · · · · 85

五 殿内柱子彩绘

    1. 龙彩绘图 · · · · · · · · · · · 89

    2. 人物手绘图 · · · · · · · · · · · 90

六 藻井画

1. 过厅藻井画 ······ 95
2. 过厅藻井画完整单图 ······ 98
3. 过厅左右两侧壁画 ······ 150
4. 木版画 ······ 152

七 广允缅寺

1. 档案照片 ······ 164
2. 壁画揭取工作照 ······ 167
3. 外景 ······ 168

八 附录

1. 南传上座部佛教名刹·广允缅寺壁画考 ······ 172
  ——赵云川 陈望
2. 广允缅寺壁画美学分析 ······ 180
  ——刘洋
3. 明清官吏服饰"冲突"与广允缅寺壁画绘制年代辨析 ······ 186
  ——安佳 赵云川
4. 云南广允缅寺壁画的揭取和修复技术 ······ 192
  ——韦荃
5. 云南沧源广允缅寺检测报告 ······ 194

墙面壁画

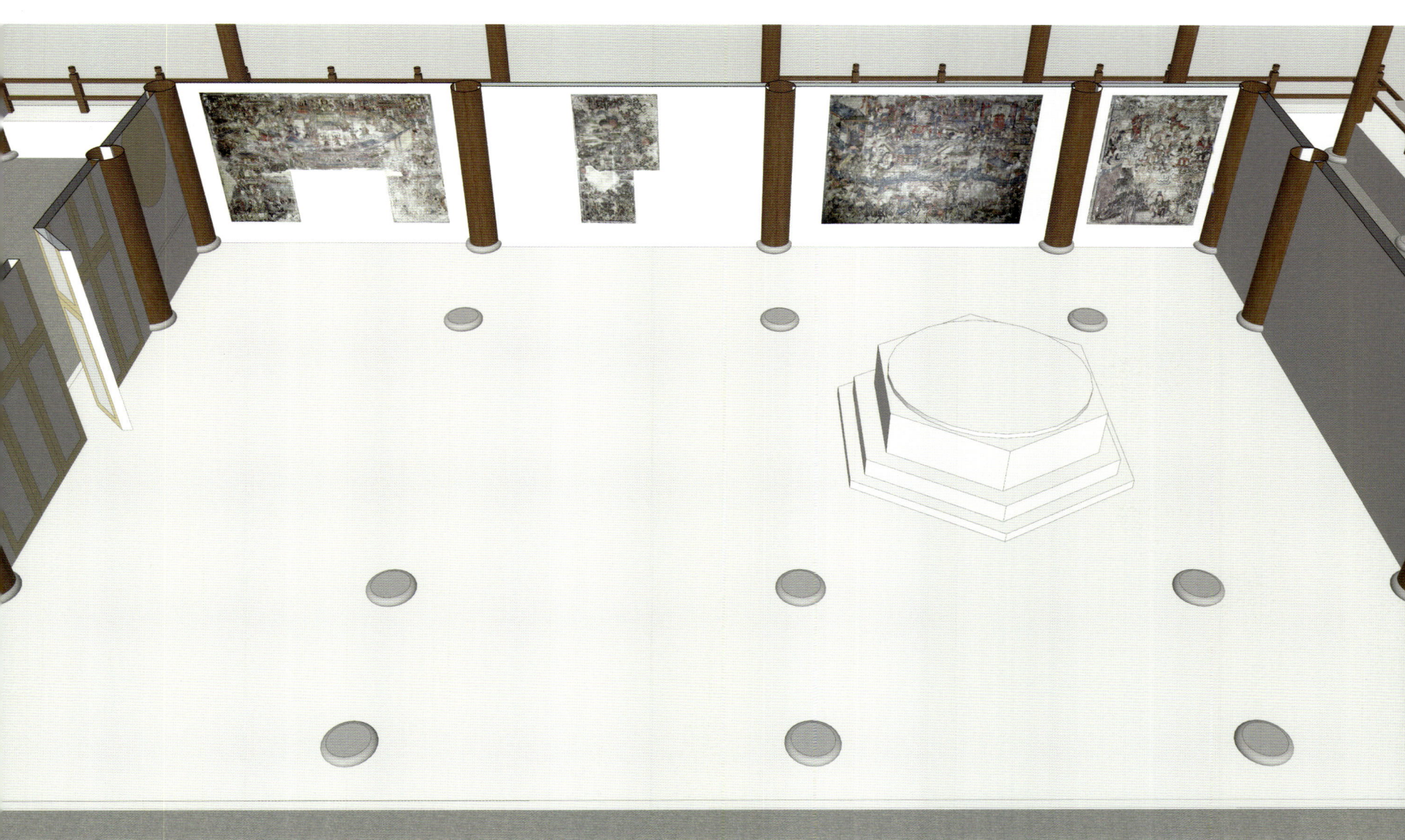

南墙壁画分布图

广允缅寺

南墙壁画整体、局部

殿内壁画南墙《舞女图》整体

广允缅寺 壁画

广允缅寺

殿内壁画南墙《舞女图》 局部

殿内壁画南墙《舞女图》 局部

殿内壁画南墙《舞女图》 局部

殿内壁画南墙《舞女图》 局部

广允缅寺

殿内壁画南墙《舞女图》 局部

殿内壁画南墙《舞女图》 局部

殿内壁画南墙《舞女图》 局部

殿内壁画南墙《舞女图》 局部

 广允缅寺

殿内壁画南墙《舞女图》 局部

殿内壁画南墙《舞女图》 局部

殿内壁画南墙《舞女图》 局部

殿内壁画南墙《舞女图》 局部

广允缅寺

殿内壁画南墙《极乐世界图》 整体

殿内壁画南墙《极乐世界图》 局部

殿内壁画南墙《极乐世界图》 局部

殿内壁画南墙《极乐世界图》 局部

殿内壁画南墙《极乐世界图》 局部

殿内壁画南墙《极乐世界图》 局部

广允缅寺

殿内壁画南墙《饭王苦心图》 整体

广允缅寺

殿内壁画南墙《饭王苦心图》 局部

殿内壁画南墙《饭王苦心图》 局部

殿内壁画南墙《饭王苦心图》 局部

殿内壁画南墙《饭王苦心图》 局部

殿内壁画南墙《饭王苦心图》 局部

殿内壁画南墙《饭王苦心图》 局部

殿内壁画南墙《饭王苦心图》 局部

殿内壁画南墙《饭王苦心图》 局部

 广允缅寺

殿内壁画南墙《车匿还家图》 整体

殿内壁画南墙《车匿还家图》 局部

 广允缅寺

殿内壁画南墙《车匿还家图》 局部

殿内壁画南墙《车匿还家图》 局部

殿内壁画南墙《车匿还家图》 局部

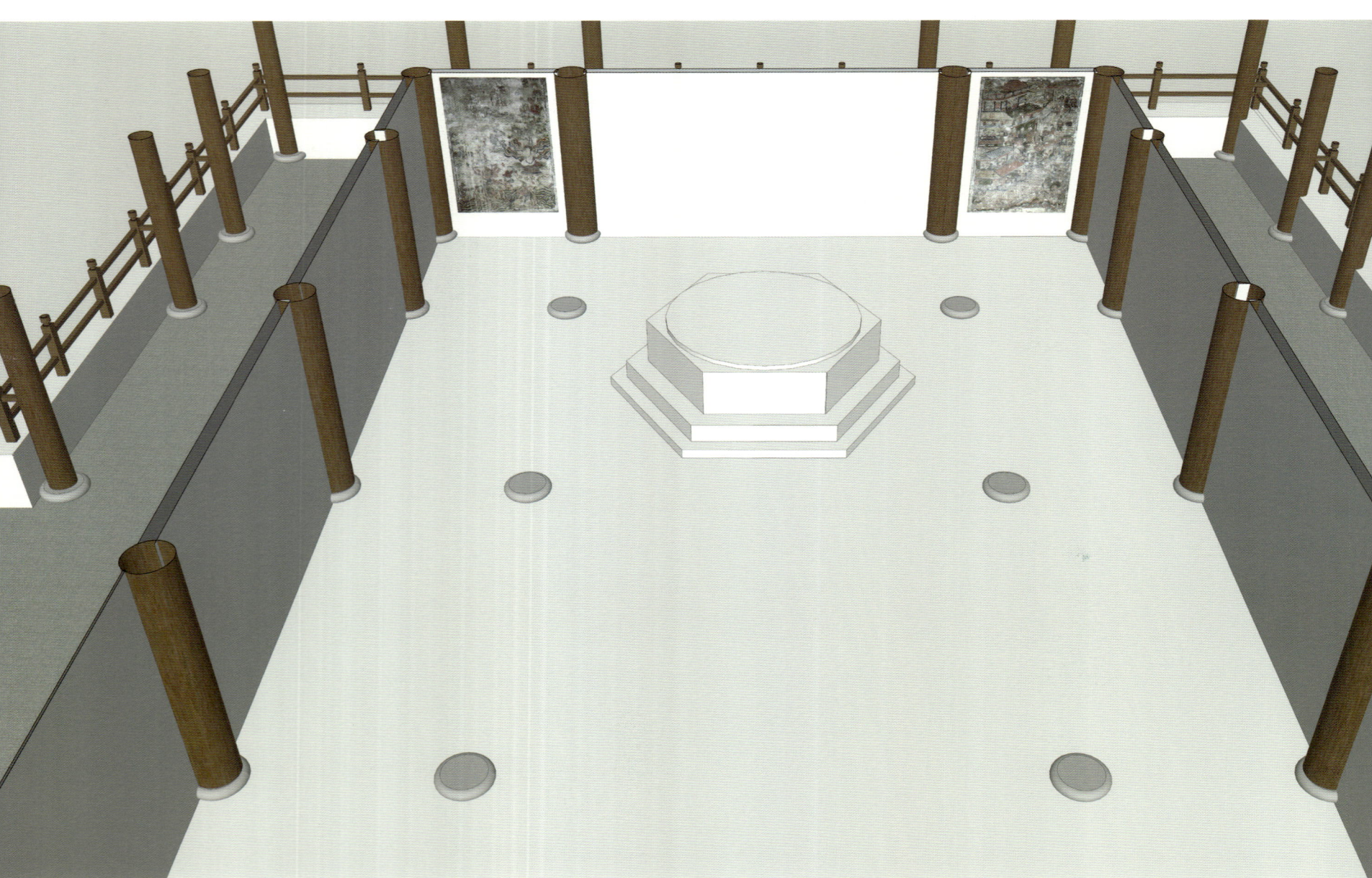

西墙壁画分布图

西墙壁画整体、局部

殿内壁画西墙《降魔图》 整体

殿内壁画西墙《降魔图》 局部

殿内壁画西墙《降魔图》 局部

殿内壁画西墙《降魔图》 局部

殿内壁画西墙《降魔图》 局部

 壁画 | 广允缅寺

殿内壁画西墙《化城图》 整体

广允缅寺 壁画

殿内壁画西墙《化城图》 局部

壁画 | 广允缅寺

殿内壁画西墙《化城图》 局部

殿内壁画西墙《化城图》 局部

殿内壁画西墙《化城图》 局部

殿内壁画西墙《化城图》 局部

广允缅寺

北墙壁画分布图

北墙壁画整体、局部

殿内壁画北墙《欢庆王子回国图》 整体

广允缅寺

殿内壁画北墙《欢庆王子回国图》 局部

殿内壁画北墙《欢庆王子回国图》 局部

殿内壁画北墙《欢庆王子回国图》 局部

广允缅寺

殿内壁画北墙《欢庆王子回国图》 局部

殿内壁画北墙《欢庆王子回国图》 局部

殿内壁画北墙《欢庆王子回国图》 局部

殿内壁画北墙《欢庆王子回国图》 局部

殿内壁画北墙《广夏图》 整体

广允缅寺

殿内壁画北墙《广夏图》 局部

殿内壁画北墙《广夏图》 局部

殿内壁画北墙《广夏图》 局部

殿内壁画北墙《广夏图》 局部

 壁画 | 广允缅寺

殿内壁画北墙《广夏图》 局部

殿内壁画北墙《广夏图》 局部

 广允缅寺

殿内壁画北墙《广夏图》 局部

殿内壁画北墙《广夏图》 局部

一八 馆藏壁画

馆藏壁画整体、局部

广允缅寺

广允缅寺 | 壁画

 广允缅寺

广允缅寺 壁画

广允缅寺

广允缅寺 壁画

  广允缅寺

广允缅寺 壁画

广允缅寺

广允缅寺 壁画

 广允缅寺

广允缅寺

 壁画 广允缅寺

广允缅寺

广允缅寺

壁画 | 广允缅寺

壁画 | 广允缅寺

二二 金水漏印画

金水漏印画整体、局部

金水漏印 整体

四 镶嵌画局部

广允缅寺 壁画

镶嵌画局部

广允缅寺

五殿内柱子彩绘

广允缅寺 | 壁画

龙彩绘图 局部

龙彩绘图

人物手绘图

人物手绘图 局部

广允缅寺 壁画

人物手绘图 线描

广允缅寺

人物手绘图

人物手绘图 局部

广允缅寺 壁画

人物手绘图 线描

六 藻井画

过厅藻井画

壁画 | 广允缅寺

过厅藻井画完整单图

广允缅寺

广允缅寺

广允缅寺 壁画

103

广允缅寺

 广允缅寺

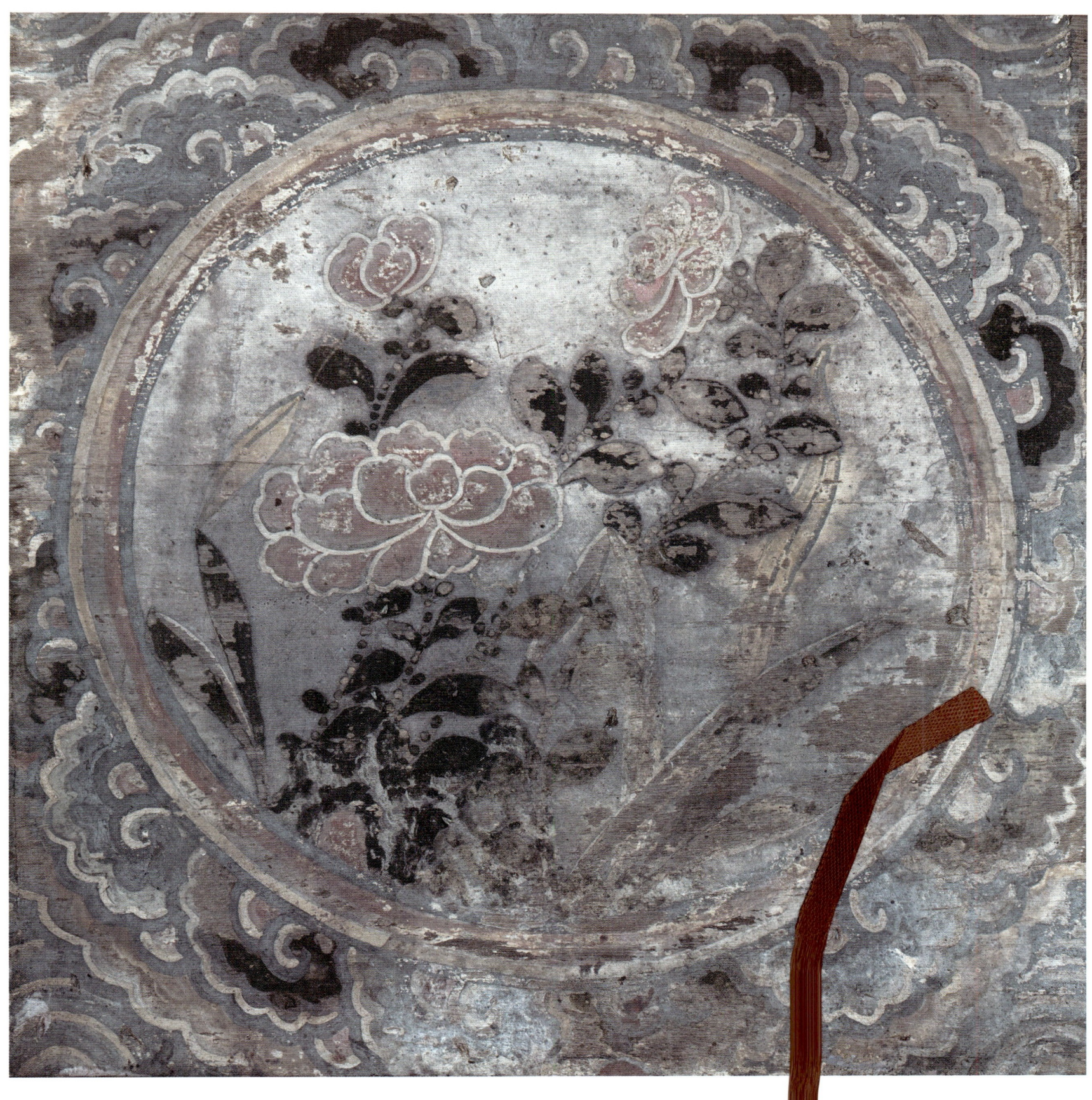

壁画 | 广允缅寺

广允缅寺

广允缅寺

广允缅寺 | 壁画

111

 壁画 | 广允缅寺

广允缅寺

广允缅寺

 壁画 | 广允缅寺

广允缅寺

广允缅寺 壁画

壁画 | 广允缅寺

 广允缅寺

 壁画 | 广允缅寺

广允缅寺

广允缅寺

广允缅寺

 广允缅寺

壁画 | 广允缅寺

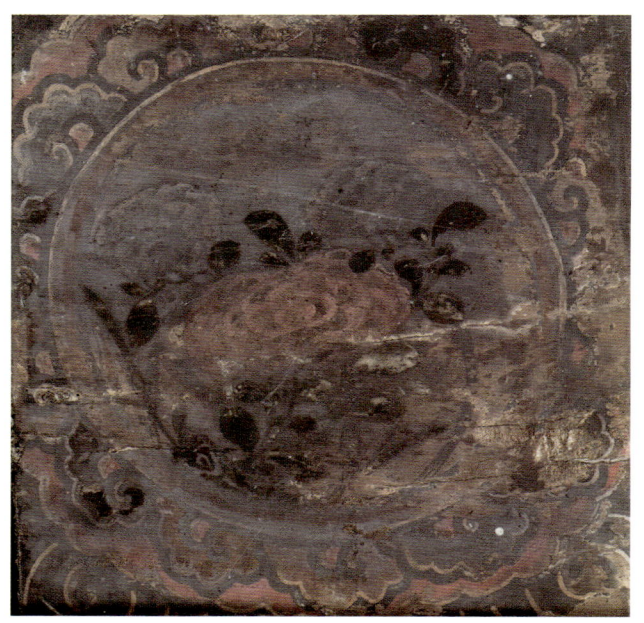

广允缅寺 | 壁画

壁画 | 广允缅寺

广允缅寺

 壁画 | 广允缅寺

广允缅寺 | 壁画

  广允缅寺

过厅左右两侧壁画

广允缅寺

广允缅寺

广允缅寺

 壁画 | 广允缅寺

七 广允缅寺

广允缅寺

档案照片

广允缅寺 | 壁画

 壁画 | 广允缅寺

壁画揭取工作照

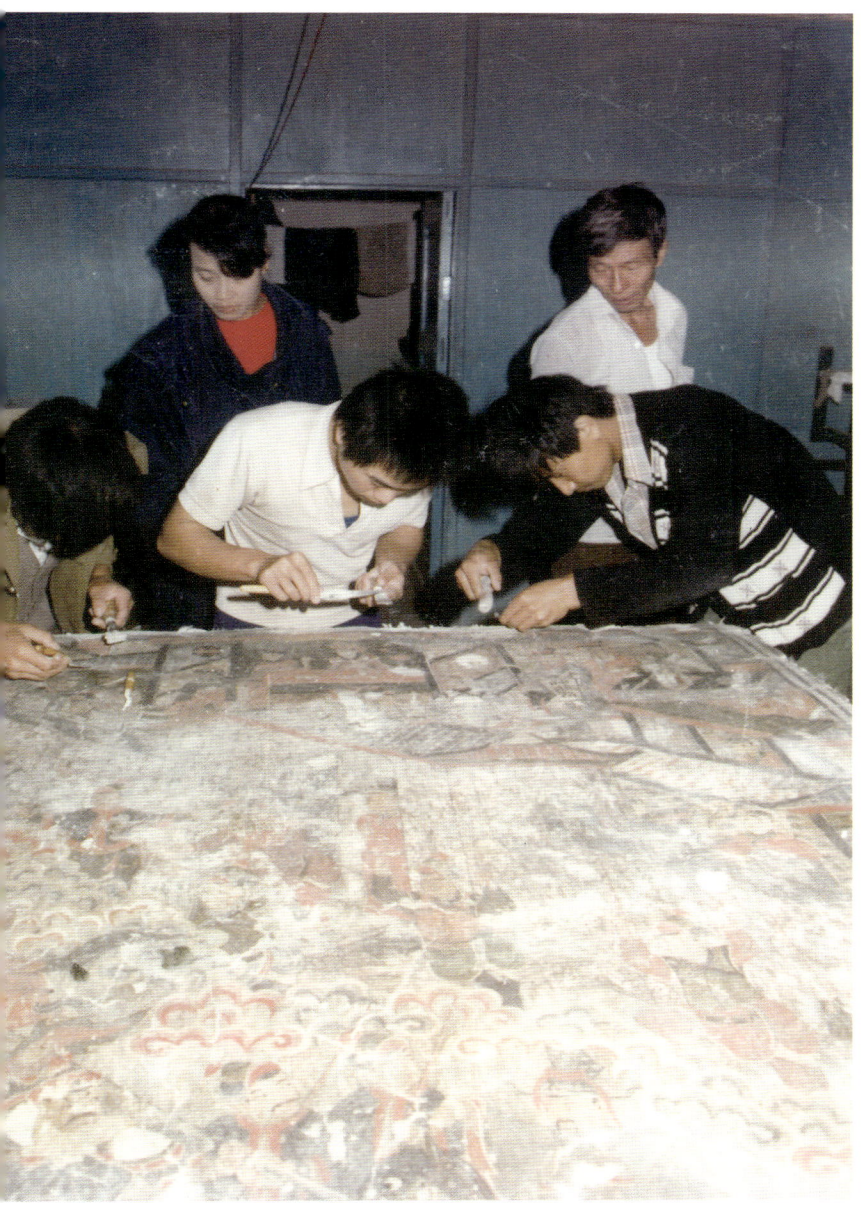

壁画 | 广允缅寺

外景

八 附录

南传上座部佛教名刹·广允缅寺壁画考

作者：赵云川　北京服装学院　教授　博士
　　　陈　望　北京服装学院　副教授

广允缅寺位于云南省临沧市沧源佤族自治县城勐董镇大街北侧的往娥村。为道光八年（1828年）清政府调停耿马土司内讧，册封罕荣高为土司而建，距今已有190余年的历史。由于广允缅寺在历史、宗教、民俗、艺术方面所具有的重要地位，1988年1月，被国务院公布为第三批全国重点文物保护单位。

广允缅寺主殿保留了南传上座部佛教寺院的基本形式，是汉式建筑外形与傣族寺院内部装饰的有机结合。该寺院占地2200平方米，主殿建在高约0.5至1.5米的基座上，"由一围廊式歇山顶三重檐殿堂与四方形五重檐亭阁组合而成，面阔五间，宽14.8米，进深八间，长24.4米，建筑平面呈长方形，为穿斗式木架结构"（图1、2）[①]。亭阁建于殿堂大门前，形成一过厅，有四棵巨柱作支撑，外间二柱上各缠绕一条栩栩如生而又威风凛凛的木雕巨龙。龙尾在上，龙身盘柱而下，一爪前伸，一足踏木质镂空的云座，尾和身回旋而上，龙头昂起，作抢宝状。金龙硕大的头颅和锋利的前爪

图1：广允缅寺主殿东入口

伸出柱子一米多，显得张牙舞爪，异常威武，堪称木雕艺术中的精品（图3）。主殿入口立面雕有木雕和隔扇窗棂，由12种不同的图案组成，造型和工艺水平堪称上乘。除内部装饰具有浓烈的傣族风格外，建筑的结构和外观完全是汉式的寺庙。

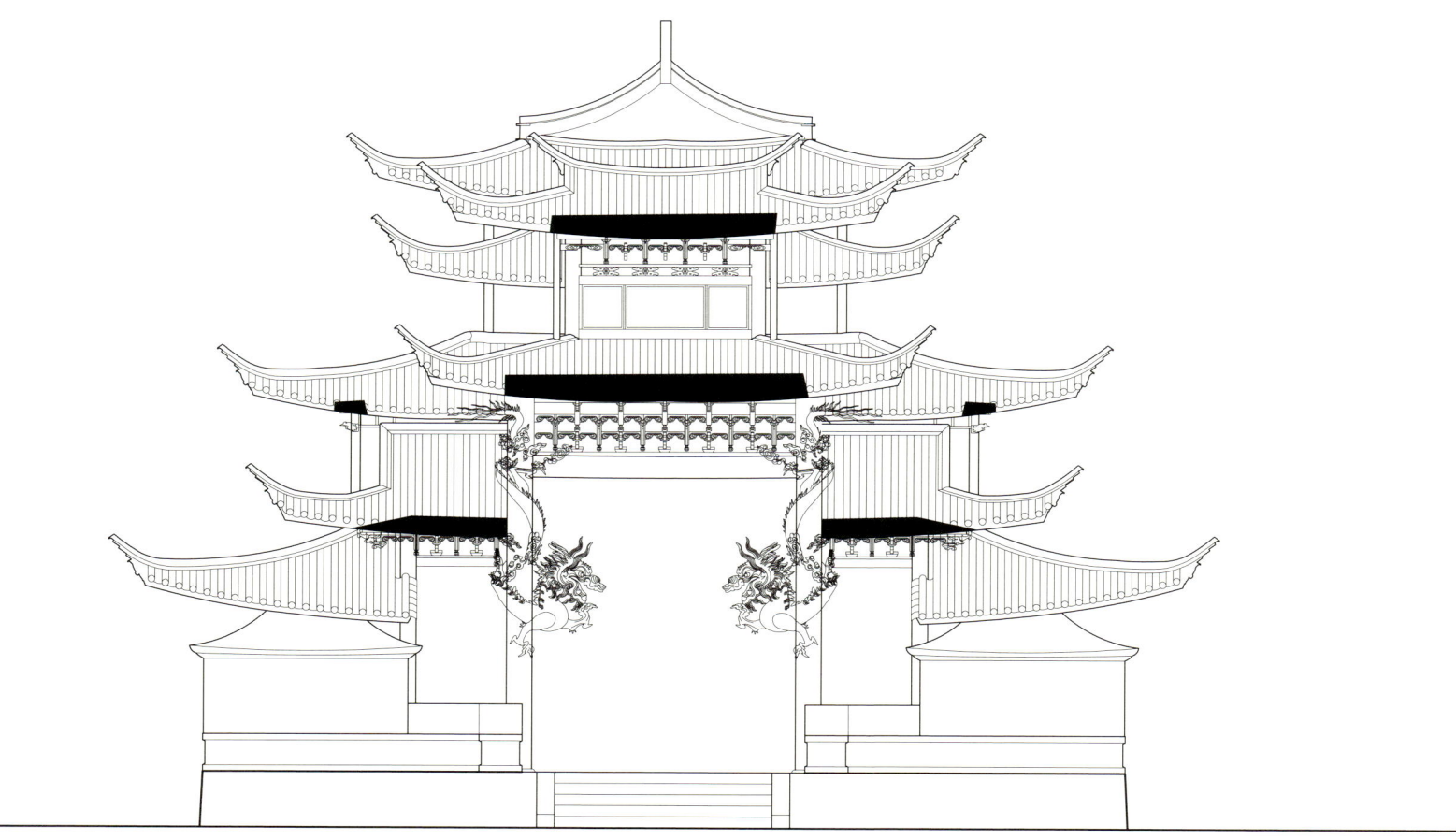

图2：东外立面图

注释：
[①] 朱书重：《广允缅寺》，载王明生主编《云南寺庙塔窟》，云南科技出版社，1996，第194页。

绘制于大殿内墙上的粉墙重彩壁画和过厅藻井两侧的板底重彩壁画是广允缅寺最为精美、最具艺术价值的遗存。大殿内原有壁画十铺，分别由南、北墙上对称性设置的各四铺以及西墙上的两铺壁画组成，总面积约48平方米。由于历史变迁和自然侵蚀，特别是1988年11月6日的地震，使殿内壁画严重受损，其中有两铺壁画因墙面完全倒塌无法复原而被毁。因此，目前殿内佛台两侧（即南墙和北墙）仅存有六铺，其中四铺依木格窗布局，使画面围窗形成倒着的"凹"字形。在南墙和北墙的侧门门头上还有两铺尺寸较小，形状略呈方形的壁画。大殿外墙上的壁画由于更易直接受到自然的侵蚀，保存下来的不多，故而在地震后的维修中，"根据省、地区文化主管部门的意见，就不进行复原，揭取下来的壁画，经过加固、修复以后，存放至陈列室内"[②]。这些壁画记录下了当时丰富的人文风土，成为后人研究其历史、宗教、社会、民俗和艺术的最为直观的材料。

一、广允缅寺壁画内容与形式解读

广允缅寺壁画内容题材十分丰富。目前，从殿内南墙、西墙再至北墙上，依次排列有《舞女图》《极乐世界图》《饭王苦心图》《车匿还家图》《降魔图》《化城图》《欢庆王子回国图》《广夏图》八铺壁画。从壁画所表现的题材来看，皆为佛经、佛传故事。

《舞女图》（或称《幽闭图》）是南墙东起的第一铺壁画，尺寸为302厘米×218厘米。该作品的题目是以画面中心有两个舞女在翩翩起舞而得名，其真正的内容是表现佛传故事中悉达多王子离家出走前的情节。画面中央上方的亭阁内，一位高官（净饭王）威坐案前，头戴缨冠，身着纱袍，肩付玉带，手抚胡须，姿态庄重，表情严肃；左右两旁站立着手持笏板的文官，他们头戴梁冠或乌纱，身着对襟袍袿，注目凝神，恭谦侍候；台下左右有手持落地狼牙棒、月牙刀，头戴武冠、身着铠甲的武士（图4）。画面中央有男女各两人在对台表演：女子戏装打扮、窈窕身材，眉清目秀、面带微笑，婀娜多姿。男子头戴缨冠，面部赤红，髯须满腮，双目圆睁，赤裸的臂体肌肉突起，手持钢鞭，雄健威猛；戏台两侧各有一名女乐师吹着横笛，前面还分别站着四位头戴高冠、身着对襟外衣、腰系长裙的侍者和吹喇叭的乐手；右前边一位头戴高冠、身披对襟红色披肩、手持行头的女子似乎正准备步入台前；左边一位头裹红绸带巾子、身着对襟短衣、手持旗牌的男士也骑马亮相登场（图5）。

在宫城之外，一位高官端坐厅堂中央，双手合十，帽饰背后泛有头光；旁边围站着寺从和众吏，其中最前面的一位吏员手执写有傣文的竖轴，似乎正在诏告来者；画面下方，另一胸后泛有圆形头光的大吏两手展开傣文横轴，好像在宣旨，众地方官吏涌出宅门小心听候；紧接画面右侧，华盖下有一主官，身旁跟随一个手握笏板的文吏、两个执手钢鞭的武士和一名撑着华盖的侍从，并由一名宫廷内官引路（图6）。

图3：广允缅寺阁亭外间柱上的蟠龙

在画面的右上方，一官员坐于堂前，桌上放一布包玉玺，左右有文武侍官；城楼门口，有一队骑马官兵，其中一人手举旗牌，好象有重要信息向宫里禀报；画面的右下角一头神象拖着有一佛幢，两旁有举旌旗的骑兵护拥开道，好像在进行某种佛事活动。佛幢左侧一人物十分突出，既像官员又像尊者，虽帽饰、胡须不符僧人身份，但官帽背后泛出圆形头光，表明画面情节与宗教主题的联系（图4）。

南墙上东起的第二铺壁画是《极乐世界图》，原画尺寸为302厘米×210厘米，由于地震破坏，右半幅已被完全损毁，只剩下了左半幅。壁画虽然为宗教题材，但画中没有表现人物，而是描绘了山林、池沼、花木、祥云、雨雾等自然景象。与汉传佛教描绘西方极乐世界中以人物为主的热闹景象不同，在这里，大地祥云缭绕，空气温润，鲜花密簇，凤鸟飞翔；一方大池水中，空莲怒放，岸边须弥台旁，有一颗粗壮高大的菩提树，枝叶繁茂，硕果垂挂；树干四周团花簇拥，香气迷人。画面通过没有尘嚣市扰、满园鸟语花香的风景描绘，营造了南传上座部佛教信徒心目中充满冥想和诗意的西方净土世界（图7）。

图4：广允缅寺主殿内墙南壁《舞女图》局部

注释：
② 韦荃：《云南广允缅寺壁画的揭取和修复技术》，《四川文物》1992年第三期。

图5：《舞女图》局部

图6：《舞女图》局部

南墙上东起第三铺壁画是《饭王苦心图》，尺寸为320厘米×212厘米。壁画内容与《舞女图》相近。即"净饭王得知太子想要出家，心中忧虑，遂想出一计，选拔三千才女，伺御太子，又设音乐舞蹈，数以千计，日夜在宫中演奏，以此想让太子眈于享乐而忘却出家"③。画面中，一横贯东西的城墙，把城内与城外清晰地分割开来。城里表面气氛热闹，但暗中却戒备森严。按净饭王旨令，兵士昼夜巡访，以防太子出城。画面上方正中央，一位手捋胡须的高官（父王）威坐正中，身旁左右各站一位师爷（或大臣），桌案上放有官印及笔砚、笔架等文房四宝。正堂之下，有两个头带儒巾、身着长袍、打扮酷似仙人或方士的人盘腿而坐，颜面相对，中间扣着一本翻开的书。从比划着的手中可以看出，二人好像在占卜凶吉，谈天论地似地说着什么，两侧站立着手持月牙刀、神情严肃威猛的武将，这一场景表现的似乎是佛传故事中"仙人占相"这一情节。画面右上部，一头戴乌纱帽，身着红袍的官员（太子）坐在椅上，手持蜡烛，目视着身前昏睡如泥、横卧竖躺、勾肩搭背的艺人和侍从（图8）。在画面最右上一偶，太子手持火把，轻轻来到卧室，凝视熟睡的妻儿，默默地告别。紧接着画面下端，太子避开酣睡的士卫，来到马厩，唤醒马夫车匿，并叫他牵出名叫"犍陟"的白色骏马，备上马鞍，准备出城。

在宫城内，身着戎装的士兵，穿梭往来于大街小巷。画面左上方，庭内坐着一位头戴乌纱帽，身穿官袍，身材大腹便便的前朝大员，其跟前站立着的却是身穿袍褂、头戴"顶子"的清代皂吏，他们的前面是骑马巡逻的士兵。在城墙外，一队仪仗出城西去，四匹马拉着的车厢里，一个身份显赫的人（太子）坐在其中，似乎正向车厢前面身着汉装的赶车人吩咐着什么。紧随车厢的是浩荡的护卫马队，武士骑在马上，头戴高冠，身穿铠甲，威武神勇，气势逼人。与此形成对比的是另一处凄凉的景象：跛足拄棍的乞丐老汉、围坐篝火取暖的病夫、路旁倒毙的横尸以及啄尸哀鸣的乌鸦。这一场景描绘了佛传故事中太子"出游感苦"（即路遇老人、道见病人、目睹死尸、得遇沙门）的情节（图9）。

图7：《极乐世界图》局部

注释：
③ 王海涛：《云南历代壁画艺术》，云南美术出版社，2002，第417页。

《车匿还家图》（或称《夜半逾城图》）是南墙东起第四铺壁画，由于被设置在南墙侧门的上方，故壁画尺寸较小，画面近似于正方形，尺寸为135厘米×142厘米。壁画描绘了佛传故事中"夜半逾城"的场景：太子骑在马上，右手紧握驭绳，左手高举挥示，神情从容坚定，表现出"若不能求得正觉，度众生离生死海，誓不再回迦毗罗城"的决心。在太子的前方有魔王挡道，后面有侍从车匿紧紧跟随。画面中央画有四大天王，但他们并非托捧着四个马蹄，而是左手举火把，右手执法器，腾云驾雾，为王子开道护航（图10）。画面左下角，画有一堵高高的城墙，表明太子是借助天人的神力，踏着云雾，逾墙而出。在画面最下方，着重描绘了太子的驭者车匿，他左手牵着缰绳，右手拭泪，单腿跪地，孤身吊影，垂头丧气，好不凄凉（图11），表现出对太子离去不归而失落以及面临回宫如何回复净饭王的复杂心理。另外，太子的坐骑即白马犍陟的描绘也充满人性：它前腿跪着，后腿微曲，低垂着头，耷拉着双耳，眼帘微闭，一副凄楚、悲伤的样子。

西墙上共有《降魔图》、《化城图》两铺壁画，画面呈长方形，离地面位置较高，尺寸比起《饭王苦心图》《广厦图》等壁画来相对较小。左侧《降魔图》的尺寸为123厘米×216厘米，描绘了傣族王子召瞿昙（释迦牟尼俗称）专心修行顿悟生死根源，即将在菩提树下成佛时遭众魔前来扰乱的情节。画面右上方，王子的出家惊动各方众神，神仙、阿修罗王、守护神等手持天幡和旗幑前来叩拜和供奉；画面中央左侧，太子与牵着白马的车匿告别；

图8：广允缅寺主殿内墙南壁《饭王苦心图》局部

图9：出游感苦 《饭王苦心图》局部

图10：四大天王 《车匿还家图》局部

紧接下面画有一头包布巾、身着蓝色对襟布衣的男子，名叫"丢合朋"，是召瞿昙成佛后，第一个献花给佛陀的人，只见他肩扛白色长条纱巾，单膝跪拜，手里捧举着鲜花，面向释迦牟尼。画面中央右侧，释迦牟尼在菩提树下默坐于须弥座上，示现种种禅定境界。画面下半部，是众魔干扰召瞿昙的情景：魔头骑着大象，双目圆瞪，袒胸露臂、张牙舞爪，伸出的六臂分别执握长矛、双鞭和大刀，指挥众魔攻击佛陀；忽然间，土地女神郎妥落尼出现，她愤起降魔，梳动长发，变成奔流汹涌的大江大河，将众魔统统冲走（图12）。在这里，土地神郎妥落尼可谓是帮助释尊打败众魔的巾帼英雄。她身着偏襟短衣、腰系筒裙，其服饰与现实生活中的傣族穿着相一致，俨然是一个优雅漂亮的傣族小卜哨（年轻姑娘）。

右侧的《化城图》尺寸为127厘米×212厘米，描绘了上座部佛经《三比达嘎》中的一个情节。王海涛对此解读道："成道之路，险恶而遥远，佛祖担心众生疲倦退却，于山半途中，变化一城，让众生暂为止息，即小涅槃。化城中世俗万家，其乐融融，众生皆大欢喜，疲劳尽消，佛祖随即灭去化城，让众生继续赶路。"④佛经本意是让人生皆空，不要贪恋世俗生活，不过在这幅壁画中，所表现的尽是繁华的世尘、爱乐的人间，一切显得丰富美满，如同人间天堂。画面中，有层层叠叠的楼阙屋宇，鳞次栉比的铺面，熙熙攘攘、摩肩接踵的行人。形形色色人物中，有商贾小贩、官吏士绅、行脚僧人和外乡游客。热闹的街道上，有手执月牙刀的武将，手端着托盘送茶送酒的贩女，互相顾盼搭讪的男女；阁楼内，有围坐在餐桌前的贵妇和贴身侍女；城楼门上，有叙旧的雅士和窃窃私语的佳人以及向城外张望的兵士；门楼下，一传令官骑在马上，手举旗牌，疾驰出城，等等这些，绘色绘形地展现出熙熙攘攘、祥云缭绕的城市热闹景象。

北墙上原本应该有四铺壁画，但由于地震的损毁目前只保存《欢庆王子回国图》和《广夏图》两铺。《欢庆王子回国图》在北墙最西侧的门头上，画面尺寸与《车匿还家图》相近，为133厘米×152厘米。壁画表现了城内城外欢迎王子回国的情景：画面中，从左上角贯穿至右下角的城墙，将画面划分为城内和城外。在城内，王宫正堂上三位头戴乌纱帽、身着长袍官服、手持笏板的人正襟危坐；前面站

图12：郎妥落尼梳动长发变成涛涛河水冲走魔军 《降魔图》局部

立着手执长矛、朴刀的侍卫。屏风相隔的右侧，坐着一贵妇，冠饰高举，衣饰富丽，旁边有两个发髻上插有花、簪、钗的贴身侍女，其中一人手托镜子，在为夫人照看。城外，祥云缭绕，热闹异常，回国的队伍正浩浩荡荡驶来。有举旗的旗手，护驾的侍卫，前来迎接的官员（图13），还有两旁振臂欢呼的士兵。喧闹的队伍引得城楼上的人探头观看，其中有两位头戴瓜皮帽，身着旗袍的人十分显眼。楼上的一人面带喜色，向窗下俯瞰；楼下一人站阳

图11：《车匿还家图》局部

注释：
④ 王海涛：《云南历代壁画艺术》，云南美术出版社，2002，第417页。

台前，手持花枝正在逗鸟，一副悠闲自在的样子。整幅作品营造出王子回国、举国欢庆的热闹气氛。

《广夏图》为北墙左起第二铺壁画，尺寸为302厘米×216厘米，是广允缅寺壁画中人物最多、场面最为宏大的作品。描绘了悉达多为净饭王太子时，居住于"凤阁龙楼连霄汉"的广夏间，尽享着人间富贵的情景。繁华的城市中，人来人往。有身穿红袍、紫袍，头顶乌纱帽的官员，有手执兵器、身着戎装的将官和兵士，还有弹琴、敲鼓、跳舞的艺人。画面下半部，楼阁林立，鲜花盛开，人们穿行、驻足其间。有的亲朋相聚、家长里短；有的故友相会、对酒当歌；有的站立门前，迎来送往；有的在阁楼中依窗而辈，仰望倾听，呈现出"尽享人间富贵于广夏间"的世俗画面。

除了陈列在大殿内的八铺壁画外，收藏于广允缅寺库房的壁画残片中，有表现车骑、送别、出山、舞乐、射箭、参拜等生活方面的场景。其中尤以反映当地傣族人物、景物以及劳作场面的《傣寨风俗画》（图14、15）最为独

图13：《欢庆王子回国图》局部

特。画面中的竹楼、人物、动物、树木、花草布局合理，穿插有致，营造出清新、幽静的气氛，反映出傣族村民真实而自在的生活。

除了以上粉墙壁画外，在广允缅寺殿前阁厅藻井南北上檐的两侧木板上，还对称性地绘制了被傣族视为吉祥神的《金娜丽》（图16）。

图14：广允缅寺主殿《傣寨风俗画》局部

图15：傣族妇女 《傣寨风俗画》局部

乐神金娜丽，人面孔雀身，手执一琴；金娜拉也是上身为人，下身为孔雀，善歌舞。这种人身鸟翼鸟足的舞人形象，与现在人们带着道具跳孔雀舞的样态十分相似。在这两幅吉祥神的上面，又对称性地绘制了规格相同的两铺《五方佛图》（图17），画中五方佛端坐云台，披袈裟、戴王冠，圆光上祥云满天。画面虽已斑驳模糊，但沥粉的线形还清晰地显现着流畅、飘逸和疏密有致的造型。在《五方佛图》的上部是天花或藻井，绘有许多板底壁

画，其布局为平棋结构，每一格中都绘有一幅独立的画面。内容有人物如佛陀、罗汉、尊者、神仙、方士、差吏、武将、先生、书童、农夫、羊倌、牧童等（图18）；动物如神龙、凤、瑞象、麒麟、马鹿、仙鹤、朱雀、玉兔（图19）、天马、锦鸡、鸳鸯、蝙蝠、喜鹊、天狗、地鼠、山猫、野鸭等；花卉如梅、兰、竹、菊、莲、牡丹、芍药，以及坐禅讲经、琴棋书画、渔樵耕读、鲤鱼跳龙门、腾龙过海、狮虎争雄、孩童戏象、牛倌牧牛等带有故事情节的画面，呈现出活泼生动的造型和娴熟的表现技法。

二、汉族傣族结合的艺风

傣族佛寺壁画最初受到泰、缅壁画艺术的影响，随着南传上座部佛教的地方化、民族化，很快便孕育出本地的画工，并逐渐形成独特的表现手法。不过，在傣族画工中，很少有严格意义上的专业艺人，壁画的作者大多是和尚、佛爷及还俗后的民间艺人。因此在布局章法、造型特点、表现技法等方面显现出业余性和民间化的特点。不过，广允缅寺壁画则有所不同，特殊的地理环境和文化背景，使它与汉族文化、白族文化等接触甚密，体现出较为专业和相对成熟的艺风。可以推断，广允缅寺壁画有可能是由深谙汉族、白族文化艺术，并具有专业或准专业水平的本地傣族画工所绘；也有可能是汉

图16：广允缅寺殿前亭阁天花北侧板底壁画《金娜丽》局部

图17：广允缅寺主殿阁亭藻井南壁板底壁画《五方佛图》

族或白族的画工所作。这种浓浓的傣汉融合的样式特征可以从以下几个方面看到。

从服装服饰上看，壁画中的众官吏头戴乌纱帽、幞头或裹巾子，身着长袍马褂，腰附玉带，手持笏板，与内地身着朝服的官吏极为相近；妇女头顶高髻花钗，颈戴项链，身着对襟外衣、长裙，腕戴镯钏，与内地妇女（特别是云南古代汉族地区）的装束也很相似；武士头戴武冠，身着铠甲，面部赤红，髯须满腮，手持月牙刀、钢鞭、狼牙棒，俨然就是汉传佛教或汉文化中的天王、武将、门神；就连画面公

图18：广允缅寺主殿阁亭藻井板底壁画"人物"

图 19：广允缅寺殿堂前阁亭藻井板底壁画"玉兔"

堂中藩王、臣僚及侍从、衙役的布阵，案桌上官印、案卷、签筒、笔架、朱砚等物件摆设，以及帷幕、牌匾的垂挂方式等都与内地公堂衙门的情形非常相近。

从建筑形制和风格上看，广允缅寺壁画中的楼阙屋宇基本与汉族、白族的建筑和风格相同。在《饭王苦心图》《广夏图》《化城图》等作品中，楼阁群落，瓦屋栉比，深沉宏阔的歇山式大屋顶，韵致清新的梁架结构，别具韵味的碧瓦翘檐，秀丽俊逸的雕栏玉砌、回廊隔板、斗拱雀替，以及用石头和城砖砌成的殷实厚重、结构紧凑的高墙围垣、拱门等，构成了繁华的城市风景。加上阁楼屋宇内外，诸多着汉装的故人、酒客、茶友、官吏、商贾、文士等呼朋引伴，邀约于此，或饮酒谈天，或品茗赋诗，或观江听涛，或品书弈棋，悠哉闲哉，闲散恬淡几如仙人，完全呈现出内地古城的热闹景象。

当然，作为一座傣族佛寺，在深受汉族文化影响的同时，也呈现诸多傣族文化自身的特色。如《金娜丽》《金娜拉》这两幅壁画，勾线落笔，准确流畅，笔画点染，画工精绘：人物形象和衣裙飘带，豪放潇洒，一气呵成。虽颇有中原寺观壁画之风韵，但其人物形象、衣装配饰、表情动态等皆具有明显的傣族造型特点。《降魔图》中的土地之神郎妥落尼，《傣寨风情画》中的傣族风景和人物形象，《五方佛图》中头戴缨冠、身着当地古代少数民族服饰的造像，都具有鲜明的"傣味"，展现出浓厚的地方生活气息。另外，壁画中用墨色书写的傣文榜题、解说词，也增添了傣汉结合的绝妙艺风。

整体而言，广允缅寺壁画的构图布局富有章法，景物设置井然有序，人物造型准确，神态逼真，笔触流畅，线条苍劲，赋彩朴实绚烂，风格冲融，世情感人，是傣汉文化相融的结晶，具有较高的艺术水准和历史文化价值。即便与同时期的一些汉地佛传故事壁画相比，艺术水平亦不逊色。

广允缅寺壁画美学分析

作者：刘洋

一、画面研究概述

广允缅寺壁画是现今国内为数不多质量上乘的清代壁画，内容虽以佛教经传故事为主，但表现方式更加民俗化、生活化。画师画功上乘，画面制作水平精湛，在构图构思上受清代画潮思想和少数民族风俗影响甚多，是研究中国清代中央与地方、民族融合和少数民族文化艺术交流与传播的瑰宝。

广允缅寺壁画较清代中原和其他地区壁画而言，其整体特点较为明显。如构图上自由饱满、错落有致；透视上散点与焦点透视相结合，交互穿插，按画面的需要自由填充形象；尽管场面宏大、构图复杂，但却有条不紊、节奏感明快；用笔以平涂勾勒法为主，线条流畅，具有一定的装饰性和生动性，不刻意追求线条的抑扬顿挫、落笔收笔等笔墨技法，植物与山体也大都采用直接点染的方式进行描绘；色彩上以红、蓝、绿为主，红、绿属互补关系，蓝和红又属于比对关系，此三者的主色调使整个画面鲜亮沉稳，同时蓝、绿的配置又给人一种清雅的田园之风。

二、广允缅寺壁画最为突出的特点

其一，构图受清代宫廷画家王原祁"龙脉说"影响。"龙脉"一词最初起源于风水学，后被王原祁运用到绘画学中，主要借指画面的章法布局、气势效果和笔墨运用。王原祁的"龙脉说"认为："画中龙脉，开合起伏，有斜有正，有浑有辟，有断有续，有隐有现，谓之体也。"龙脉之说强调画面中"势"的变化与构图的开合起伏布局关系，这一点在广允缅寺壁画中亦有较多的体现。

其二，人物服饰。通过对多幅广允缅寺壁画的观察与比较，在不同的壁画上均发现了少

图1：殿内壁画南墙《饭王苦心图》

图2：殿内壁画南墙《饭王苦心图》局部

有的明清两个朝代服饰同时出现的现象。据考证和推论，这与广允缅寺所处地理位置的偏远、环境性质的特殊还有当时朝廷的"十不从"政策有关，种种原因使得广允缅寺壁画中明清官吏"冲突"的悖理现象能够在道光年间得以保存，这也是壁画艺术极其珍贵的社会价值所在：记录保存所处时代的社会政治文化宗教环境。

其三，在广允缅寺壁画中发现了半裸人物形象。这同样也是由于地理环境、民俗民风特质等原因，在《饭王苦心图》的右上角处分别出现了身着清代和明代服饰的半裸体人物形象。众所周知，清代末期是封建专制制度和封建礼制的顶峰，在"夫权"、"男权"体系的控制下，三从四德和女德女贞的封建礼教更是达到了前所未有的严苛，尤其女性的脚部与身体的其它隐私部位一样，是绝不能轻易示人的。而在《饭王苦心图》这幅壁画中竟然出现了女性半裸体形象，这在一定程度上打破了封建礼教那道最坚固的思想桎梏，对于广允缅寺和中国古代壁画史来说也是一个极其重要的发现。

在画面的表现上，此幅壁画（图1）以蓝色城墙为"龙体"，起到画面分割的作用，也是画面的主脉。蓝色的城墙把画面分为上下两个部分，上部分描绘的是宫廷内的声色犬马，城外是太子驱车驶离皇宫"出游感苦"。下部分错落有致的车马行人形成的第二条次脉与城墙主势相呼应，而上部分高高低低的房屋亭榭又稍微打破了主脉平稳的构图，再点缀以不同阶层的不同人物，形成丰富饱满的画面。在绘制手法上多使用平涂勾勒的技法，即先使用颜色均匀涂抹，再以线勾勒。广允缅寺壁画的线条不太讲究落笔收笔、抑扬顿挫，而是更注重疏密节奏的变化，用装饰性的平面线条勾勒。此幅壁画色彩以红、蓝为主，人物形象上有官吏、奴役、命妇和兵马侍从，而更加有意思的是广允缅寺的多幅壁画中都出现了明清服饰同台亮相的"奇观"。以图1为例，画面右上角的太子和左上角的蓝衣官员都是明朝官吏的传统形象：头戴乌纱帽、身着明代官袍、腰佩玉带。而图中太子身边的侍从、城外举旗的蓝衣士兵则为清代兵役的传统形象：削发留辫，头戴"顶子"。史料记载广允缅寺建于道光年间（1820～1850），但为何会出现明代的人物形象？是翻修过还是年代有误？在此我们进行一个简短的分析：首先仔细观察广允缅寺每幅壁画的画面，并没有找到涂改重绘的痕迹，尤其通过图5几处损毁残缺处查看也没有发现多层画质层的情况，所以首先排除后期翻修涂改的推测。清代重视思想的控制，"剃发易服"政策和"文字狱"的实施都能看出清朝在制度上的严苛，但随着朝廷"十不从"政策和边陲地区土司制度的发展和完善，还有清末反清势力的卷土重来都使得广允缅寺壁画中明清两代人物形象同框出镜的现象变得合理。其中"十不

从"政策中"儒从而道释不从"的这一条规定更是体现了清政府对宗教和相关艺术文化的宽待。包括"抚绥六诏，安辑百蛮"的边疆政策、土司制度下的封建领主政治形态都使得这一现象的出现变的更加合乎情理。

除此之外在这幅壁画中还有一个更加重大的发现：清代半裸体人物形象。此幅是《饭王苦心图》，讲的是净饭王为了阻止太子出家而选拔三千才女，让太子耽于享乐忘却出家。我们把目光放到画面右上角处，只见太子身着红色官服威坐于红蓝相间的殿亭内，目光关切望向殿下笙歌醉酒的侍从美女们，他身边的几个小厮也在昏昏欲睡。我们来看殿下醉卧的几个侍从和美女。从服饰与形象上看，左边三个半躺的为明代女性形象，但下半身从腿至脚踝处并没有衣襟或衣边的描绘（图2），线条直接从大腿处连上了脚踝及足部。对面的那位白衣清代男性形象亦是如此，由大腿至脚踝部并无任何衣裤的修饰，再根据壁画内容的描述，故此推断：此处为半裸体人物形象。尽管中国各朝各代壁画中的半裸体宗教人物形象常见，如菩萨、释迦牟尼佛、力士、飞天与天王等，但像广允缅寺壁画上的这种以普通百姓为形象的人物裸体却十分罕见。虽然这在一定程度上与边陲少数民族地区意识形态和民俗民风也有关系，就连傈僳族每年正月的男女"共浴节"都已有百年历史。但是众所周知，清代是封建社会的顶峰，在意识形态上对女性的控制更是前所未有，然而距今两百多年前的清代仍能够在此处留下难得一见的半裸体人物形象，亦属云南省乃至中国壁画界的一重大发现。

图3在构图上使用了中央相向式的构图方法，画面下半部分的亭台楼榭构成了"凹"字形的主势，亦为此图的主脉，上半部分的建筑则形成了反弧形，打破了下半部分构图的限制。上半部分和下半部分建筑笔墨密集浓重，从整体来看被红蓝色笔墨分割出了一块菱形的"空白"即画面笔墨稍微稀疏的地方，这种疏密对比让整个画面的重心落在了最中间的两位舞女身上，两位舞女妆容姣好，衣着蝴蝶架衣在台中翩翩起舞，值得注意的是两位少女除了身着傣族传统服装外还披上了汉族的"云肩"（即舞女脖领处的云纹状衣饰），这也从侧面反映了清代少数民族地区民族的融合与文化渗透程度。

图4在构图上与图3较为相似，中下部建筑物形成的半弧形是画面的主脉，上部的主殿与两边对称的建筑物呈竖构图，破了主脉的单一横向，中间又以各种不同阶级地位的人物形象

图3：殿内壁画南墙《舞女图》

图4：殿内壁画北墙《广夏图》

进行点缀，使整个画面看起来饱满完整，内容丰富。值得一提的是此幅壁画在时间、光线和湿度的影响下已经有一些氧化的趋势了。据推断广允缅寺所用的红褐色可能为铅丹颜料，铅丹在汉代就已经有了，从中唐后被广泛应用到壁画中，又名"红丹"、"黄丹"。铅丹含有四氧化铅的化学成分，在画面中主要用于人物皮肤、衣饰和建筑物的着色，但是铅丹经过时间、湿度和温度的影响非常容易产生二氧化铅，致使画面颜色变得沉暗。

由于图5画面左上部分已经受到毁坏了，故不作构图的深入研究，此处说一下关于颜料

图5：殿内壁画西墙《降魔图》

图6：殿内壁画北墙《欢庆王子回国图》局部

图7：殿内壁画西墙《化城图》

和画法的处理。画面下方，女子的长发变成了脚下的河流，一缕缕发丝变成了层层河水，水中间还有骑象的人物组合。这里对河水浪花和大象的着色处理是类似于年画形式的分层渲染，一层重色接一层浅色做出立体渲染效果。在颜色的使用方面，观察广允缅寺所使用的绿色，在色调上是偏暖的，类似于油画颜料中草绿和中绿的结合，而不像用于壁画绘制的石青、石绿那般鲜艳，故此推测广允缅寺的部分绿色有可能是使用了一些傣族当地的植物性染料。另外，由于清代纯正的石绿和石青已经非常稀少珍贵了，而氯铜矿又早已经被广泛应用于壁画创作中，所以广允缅寺壁画中有些偏绿的蓝色可能是石青和氯铜矿的结合。

图6和图7都是以建筑为主的结构布局，这两幅画中关于透视法的运用出现了一个非常有趣的现象：散点透视与焦点透视相结合。我们先看图7，按透视法来区分，全图可分为上下两部分透视形式，下半部分建筑的屋檐、城墙都是聚焦点消失于右上部穿深蓝色官衣的人物身上，是为焦点透视。再看画面上半部分，为了能够全面展示人物活动和画面情节，绘者将建筑与人物位置的安排设置了多个视角点，甚至还出现了装饰性的云纹图案穿插其中，此为散点透视法。另外画面的右下角还描绘了一丛"层峦叠嶂"，为什么加引号呢，这是因为此处也是散点透视法。"山之大，亭榭之小"在画面中是相反的，山体也趋于图案化，这是为了展示更多的故事情节和画面内容而缩小了山体的视角，使空间更多的留给其他内容。

图6也是，在建筑上使用了散点与焦点透视法，利用多种视角来展现情节。此外，在建筑的绘制技法上使用了源于晋、兴于隋的"界画"技法。顾恺之曾言："台榭一足器耳，难成而易好。"这里指的就是使用界画技法。界画，顾名思义，是使用界尺引线，将竹片的一头削成半圆磨光，另一头按笔杆粗细刻一个凹槽，作画时将界尺放在所需部位，手握画笔与竹片按界尺方向运笔，便能画出均匀笔直的线条了。在广允缅寺壁画的建筑中界画技法的运用还是比较广泛的。

三、广允缅寺壁画与省内外清代壁画的比较研究

以壁画艺术的角度来说，最辉煌的时期莫过于汉唐，从宋代以后，宣纸的出现使壁画的地位一落千丈，不少清朝时期的院体和人文画家都认为壁画为不入流之事，不屑于进行绘制。但正是这种时代背景也为壁画走入民间打

图 8：山西大同华严寺壁画

开了通道，大量民间艺人和能工巧匠的加入使壁画艺术在内容和画法上都注入了民间民族的新鲜血液。众所周知，壁画艺术集大成之地是敦煌，但敦煌清代时期的壁画数量少，画面水准和制作水平较低，在此就不以敦煌清代壁画与广允缅寺壁画进行比较。由于广允缅寺壁画是清代壁画的杰出作品，所以在此挑选山西大同华严寺清代壁画和云南丽江白沙壁画在同时期的不同地域方面进行比较研究。

山西大同华严寺壁画，面积有886.97平米，长136.8米，高6.4米，绘有人物5000多个，共计21幅杰出的壁画。关于壁画的年代有两种说法，一说为光绪年间的民间画工所作；一说为始建于辽，金灭辽时毁于兵火，于清代重绘。无论是绘于清代还是于清代重绘，最后遗留在世最显著的艺术特色仍是以清代为主的。在此我们以华严寺壁画和广允缅寺壁画做一个比较。在壁画特色上华严寺内的部分壁画吸收了民间年画的地方特征（图8），广允缅寺则融合了傣族、佤族的民间文化传统。虽然内容上都以说法图、佛本生佛法故事为主，但华严寺壁画构图上更为严谨，粉本化、传统化更加明显，而广允缅寺壁画却更民俗化、生活化，构图自由生动、主次分明。在色彩上，广允缅寺以褐红、绿为主，设色较质朴、单一。多用毛笔勾勒、平涂色彩，在线条上不太讲究落笔收笔、抑扬顿挫，而是用装饰性的平面线条勾勒。华严寺壁画较广允缅寺还是更为富丽

图 9：山西大同华严寺壁画

图 10：白沙壁画

堂皇（图9），以青绿、朱砂为主色，采用沥粉贴金的技法，色调明艳，线条苍劲有力，繁而不乱，细致生动，有强烈的空间感、威仪感，这些是中原地区与云南地区清代壁画的不同之处。

再来看丽江兴教寺白沙壁画与广允缅寺壁画的异同。白沙壁画位于丽江城北的一个小镇，丽江壁画所涉及的内容基本为汉传佛教、藏传佛教。体现的是明清时期木氏土司家族对藏传佛教的崇奉和信仰。白沙壁画（图10）场面宏伟，气势雄厚，构图缜密。而广允缅寺壁画风格清丽，直接描绘的佛本生故事题材也以民间民俗生活的形象为主，生活气息浓烈，很少有"神"的威严。白沙壁画之于广允缅寺不仅在画面和题材上有所不同，其表现手法也有不同之处。兴教寺白沙壁画始于明朝，结束于清初，由木氏土司建造，融合了汉、藏、纳西族绘画的精华，有些许东巴艺术的影响，具有自己独特的绘画语言。在构图上以传统向心式、主体式构图为主，体现的是佛的威严，神圣不可触犯。用线老练，在色彩上以黑色为底（亦可能为单一蓝颜色氧化所致）（图11），使用金色进行渲染，更是添了一份庄严。广允缅寺无论在构图上还是颜色用笔上都较之更为

图 11：兴教寺白沙壁画

清新活泼，处处透着浓浓的生活气息。两地壁画皆为清朝时期不可多得的融合了民间民族艺术精华的壁画作品。

另外，广允缅寺内除了精美的壁画外，在中央佛像的两侧立柱上还有两幅人头鸟身形象的壁柱画（图12），据推究应为融合化的"迦陵频伽"形象。"迦陵频伽"在佛教中译为："歌罗频伽、迦陵频"等，简称"迦陵鸟、频伽鸟"。迦陵频伽一般在两种场合出现。一种借其声音美妙，寓意佛法妙音，一种是指代西方极乐净土。其形象皆为人头鸟身，颇为神秘，或吹奏乐器，或捧奉宝花摆出一副供养的姿态，经常出现在建筑、绘画、雕塑等诸多领域。

那么为什么又说此处是"融合化"的形象呢？这是因为无论从地理位置还是人文传统来看，此两幅人头鸟身形象都显示了部分印度"紧那罗"的特征：紧那罗，梵语：kimmara，又称歌神、音乐神，原为印度神话中的神灵，而后又被佛教吸收为八部众神之一，举行法会时担任奏乐的工作，为天帝的执法乐神。在印度造像中经常以半人半鸟的男女形象示人，并常出现在宝树浮屠上空，手持鲜花供养。人形紧那罗在唐代就已经非常流行，唐代还出现过一种"迦陵频伽"的舞蹈，最后在日本保留了下来。另一边，这种模仿鸟类的舞蹈也在缅甸南亚流行，称为"紧那罗"舞，至今孟定的紧那罗舞都是非常负有盛名的。因此在地理位置上、文化传统上此处半人半鸟的形象都与紧那罗有些许相符。但是据《华严经探玄记》载："此种形貌似人，然顶有一角"，《慧琳音义》又云："男则马首人身能歌，女则端正能舞。"据此得知广允缅寺的半人半鸟形象又不全然是"紧那罗"。故此推究为融合化的"迦陵频伽"形象。

在画法上，使用了傣族民间金水漏印的技法：金水漏印是傣族民间剪纸技艺的延续与发展。金水漏印是采用较厚的构纸，根据梁架、柱子或墙体设计出的图案，以黑红土漆为底色，把图案覆盖在刚刷好的底色漆上再用金粉拓印金色图案。一般用于佛寺大殿的佛龛两侧、佛座背面、门厅、梁架、柱子等建筑材料上。广允缅寺壁柱画在金水漏印的基础之上又加用红线在金水印的中间位置使用红黑颜料进行了描绘，使画面更加清晰丰富。

图12：广允缅寺壁柱画

明清官吏服饰"冲突"与广允缅寺壁画绘制年代辨析

作者：安　佳　北京服装学院　教授　博士
　　　赵云川　北京服装学院　教授　博士

广允缅寺位于云南省临沧市沧源佤族自治县城勐懂镇大街北侧的往娥村（图1），是我国南传上座部佛教壁画的唯一古代遗存，其大殿内墙上描绘有十铺重彩壁画。其中两铺在1988年地震中被毁，余下的八铺壁画分别为《舞女图》《饭王苦心图》《车匿回家图》《降魔图》《欢庆王子回国》《极乐世界图》《化城图》《广夏图》。其绘画水平为我国南传上座部佛教艺术中的上乘之作，具有十分重要的历史和文化价值。[①]

在广允缅寺壁画所描绘的佛传、佛本生故事和民间传说故事中，出现了许多市井风情、楼阁城池、园林山野以及人身鸟足舞人、天上的神仙等形象，其中夹杂着古代当地人的生活场景，如王公贵胄（图2）、文臣武将、达官贵妇、兵丁差役、富商小贩、奴童役使、先生书童、伶人戏子、匠人村夫、氓隶乞丐等。这些不同的人物在服饰穿戴、行头打扮上可谓千姿百态、纷繁复杂。除了部分妇女的穿着与现代沧源、耿马一带傣族妇女的样式相同或相近外（图3），王公将相、文人商贾、兵丁仆役的穿戴大多与内地汉族装束相似（图4）。而其中最有意味的是，在同一画面或同一情节中，出现了不同时代的人物同台亮相的"冲突"场面。如在《饭王苦心图》这铺壁画中，画面的上部左侧，庭内坐着一位头戴乌纱帽、身穿明代官袍、腰佩玉带、身材大腹便便、叼着一根长把烟锅的明朝大员；其跟前站立着身穿长褂、头戴凉帽的清代差吏（图5）。画面右上部《泥醉图》中，正中央坐着身穿明代红袍官服的人（太子），其左右两边各蹲坐一侍从，右边一人身穿清代长褂、头戴无檐式礼帽，为清代皂役打扮；左边一人头戴红缨宽檐布帽，为明代吏员模样（图6）画面最下端《出游感苦》中，前面是身着明代袍服、头戴幞头的赶车人，中间是身穿戎装、保驾护航的武士，后面有两个头戴"顶戴花翎"、剃发留辫、身着长袍马褂、腿束紧袜、脚穿深统靴的骑坐在马上的清代官吏（图7）。这种明、清官吏"同台"或"冲突"的现象，在内地古代壁画中极为少见。

一、明清服饰对冲与壁画绘制年代的悖理

据县志记载，广允缅寺修建于道光年间（1820～1850），是与当时清廷册封土司这一重大的政治事件联系在一起的。不过，壁画中公然出现不同朝代官吏"冲突"的现象，不能不让人产生疑惑。为此，人们对广允缅寺的建寺和壁画绘制的年代提出质疑，认为不应是道光年间[②]，而应是在明清交际和清代初期。原因是道光年间距清兵入关（1644年）并统治全国已有180多年的历史，很难想象制度严厉的清政府，能允许明清两代官吏"相撞"的壁画，出现在与册封土司这样重大政治性事件相关的佛寺修建中。

从历史上看，清朝的治国策略十分严厉，从"剃发易服"制度的推行就可略见一斑。早在清兵入关之前，凡被攻占本属明朝统治的地区，都按满族习俗令当地官民前额剃发后脑留发梳辫垂于后背。对于服饰，凡"有效他国（指汉族）衣冠束发足者，重治其罪"。[③] 清兵入关后，强制军民剃发留辫之严厉更是关乎性命，律令中就有"各处文武军民，自应尽令薙发，倘有不从，军法从事"[④]的规定。故流传着"留头不留发，留发不留头"之说。顺治二年（1645年）清廷统一全国后，便立即推行满族服饰。当时的律令中写道："遵依者为吾国之民，迟疑者为逆命之寇，若惜爱规避，巧言争辩，决不宽贷。"[⑤]《研堂见闻杂录》记载："功令严敕，方巾（即四方平定巾，为明代士人所常带的巾子）为世大禁，士遂无平顶帽者，私居偶戴方巾，一夫窥瞷，惨祸立发，琴川二子，于按公行香日，方巾杂众中，按公瞥见，即杖之数十，题疏上闻，将二士枭首斩于市"。[⑥] 可见当时法令的严峻，凡有不遵者都要受到严酷的镇压。这种易服制的推行，导致传统的衣冠几乎全被禁止穿戴，明代以来的汉族服饰形制只能躲在居室里穿着。由此也激起汉人的情感抵触和不满心理，并引发了政治上的轩然风波，民众的反抗此起彼伏。顺治十一年（1654年）大学士陈名夏曾向国使馆中另一位大学士说："要天下太平，只依我一二事立就太平。"并且推其帽摸其头说："止须留头发，复衣冠，天下即太平矣"。[⑦] 此话被告发，当事人被处死。剃发易服的严厉措施，在当时已上升为主要矛盾，形成了民族间在意识形态上的斗争，并持续了很长的时间。

对于地处边疆的云南而言，吴三桂在清顺治十四年（1657年）被封为平西大将军后，便会同清军多尼等进攻云、贵等地区。吴三桂在随后镇守云南期间，又引兵入缅，迫缅王交出南明永历帝，并在康熙元年（1662年）杀南明永历帝于昆明，为此被清廷晋封为亲王，兼辖贵州省，形成割据势力。与镇守福建的靖南王耿精忠、镇守广东的平南王尚可喜之子尚之信相呼应，成为拥兵自重的三藩。而随着康熙十二年（1673年）撤藩令，吴三桂闻讯后叛清，并举全国的反清势力以复明为号召起兵反清，挥军入桂、川、湘、闽、粤诸省，战乱波及赣、陕、甘等省（史称三藩之乱），但由于清政府调重兵全力镇压，这股反抗势力也被最终镇压。

注释：
① 1988年1月被国务院公布为第三批全国重点文物保护单位。
② 笔者采访了沧源佤族自治县文物管理所所长胡德权，他也认为广允缅寺的建寺时间和壁画的绘制年代应是在明清交替的动乱时代。
③ 周锡保：《中国古代服饰史》，中国戏剧出版社，1984，第451页。
④ 徐怀宝：《清代金川改土为屯》，《首都师范大学学报》（社会版）1995年第5期。
⑤ 周锡保：《中国古代服饰史》，中国戏剧出版社，1984，第450页。
⑥ 周锡保：《中国古代服饰史》，中国戏剧出版社，1984，第450页。
⑦ 周锡保：《中国古代服饰史》，中国戏剧出版社，1984，第450页。

图1：广允缅寺主殿东入口

可以说，清代初期朝代变更使边疆云南血雨腥风、战乱不断。在清军进攻云南的过程中，一路充满着劫掠杀戮。如洪承畴在顺治十六年（1659年）三月到达昆明后，依据四十多天里各道、府、州、县、卫、所的报告，给清廷写了一份奏疏说："无处不遭兵火，无人不遇劫掠。"而之后的三藩之乱，也使云南处于动荡之中。艺术是时代的一面镜子，是对现实生活的翻版。创作者的创作心理、情感，是对充满矛盾和悖理的现实的一种反映。因此有人认为广允缅寺壁画的绘制年代应是在清入关后刚刚开始统治全国的清代初期，因为此时边疆的地方政府还没有完全适应朝代和政权更替，广大民众还保留着前朝统治的意识。壁画中身着明代官服的人物形象的大量描绘，以及出现既有头顶乌纱帽的明代大员，又有穿清代袍褂的吏从"冲突"的场面，或许正是当时动荡时局下人们思想、意识的一种反映。

另外，质疑广允缅寺壁画的绘制年代应是在清初或清前期，而非道光年间的理由还在于，道光之前清政府实行"改土归流"，并推行"文字狱"等严酷的文化专制政策，这种背景下，人们已适应了朝代和政权更替所带来的安稳的环境。因此，如果是道光年间所绘制的

图2：王宫贵胄与文臣武将 《舞女图》局部

壁画，就不应该再出现悖理或悖迨现象。

我们知道，改朝换代后，清政府在整个西南少数民族地区实施了"改土归流"[8]政策。《清史稿·鄂尔泰传》记载了雍正四年（1726年）云贵总督鄂尔泰为了解决土司割据的积弊而上呈的奏章，由此开始轰轰烈烈的"改土归流"运动，设立了府、厅、州、县，派遣有一定任期的流官进行管理。并在废除土司世袭制度过程中，针对土司的态度给予不同的处理：凡自动交印者，酌加赏赐，或予世职，或给现任武职；对抗拒者加以惩处，没收财产，并将其迁徙到内地省份，另给田房安排生活。在设立府县的同时，添设军事机构。清政府在改土归流地区清查户口，丈量土地，征收赋税，建城池，设学校；通过消灭土司割据势力，执行清王朝法令的地方流官政权，建立起代表清王朝利益且直接控制了这一地区的政治、经济、军事等各个方面的权力。大量屯防绿营的设置和保甲制度的建立，保障了清王朝各项律令制度的贯彻执行。从而加强了中央政府对边疆的控制。在这样的背景下，如果广允缅寺壁画是道光年间绘制，并出现明显的"悖理"情况，这种现象令人难以理解。

另外，在道光之前，曾有旷日持久的禁书活动，从乾隆三十九年（1774年）起，至乾隆五十八年（1793年）止，查缉、销毁大批所谓

注释：

⑧ 所谓改土归流是指改土司制为流官制。土司即原民族的首领，流官由中央政府委派。

图3：着当地傣族服饰的妇女 《傣寨风俗画》局部

斥本朝制度"而受严惩。而乾隆时期告讦之风的盛行，更使整个社会笼罩着浓重的恐怖气氛，知识分子缀文命笔，动辄得咎，人人提心吊胆、惴惴不安。当时的学者就曾指出："今人之文，一涉笔惟恐触忤于天下国家"，皆因"人情望风景，畏避太甚，见鳝而以为蛇，遇鼠而以为虎，消刚正之气，长柔媚之风，此于世道人心，实有关系"。[11]设想，在清廷蛮横地推行"文字狱"等严酷的专制政治，消灭异端、禁锢思想、钳制言论，显示专制帝王生杀予夺的权威，维护封建王朝的统治背景下，地处边疆的云南地区，并非会是真空地带吧？云南的政治、文化及艺术创作活动不可能不受到影响和禁锢。并且，随着清廷政权的巩固，朝代交替已经成为既定事实，人们的前朝意识逐渐淡化，接受清代统治已顺理成章，加之清廷对专制政策的强力推进和实效化，使壁画中再

出现明清官吏"冲突"的悖理现象实难解释。由此推断，广允缅寺壁画的绘制不应是在道光年间，而应该是在这之前的清代初期或前期。

二、明清服饰冲突与壁画绘制年代的合理性

然而，这样的理由如果放在中原地区想必是成立的，因为长期推行的"剃发易服"制度和严酷的"禁书令"、"文字狱"等专制政策，已使内地人心惶惶、动辄是咎。作为一种宗教壁画的创作和绘制活动，犯不着冒杀身之祸而强行为之。然而，如果联系到广允缅寺所处的特殊的地理位置、环境性质，并从具体的社会政治环境、宗教文化语境、民族民风特质来看，壁画中明清官吏"冲突"的悖理现象出现在道光年间，并且是在广允缅寺落成及

图4：具有汉族服饰特色的王公将相 《欢庆王子回国图》局部

"违碍"、"悖逆"之书。[9]而肇始于康熙，发展于雍正，至乾隆达到登峰造极的"文字狱"，更是将清代文化专制和禁锢思想的政策推向极至。如清初祝廷僧所作的《续三字经》中有"发披左，衣冠更，难华夏，遍地僧"[10]的字样，即被视为"系怀胜国"，他也因"指

注释：

⑨ 王俊义、黄爱平：《清代学术与文化》，辽宁教育出版社，1993，第203页。

⑩ 王俊义、黄爱平：《清代学术与文化》，辽宁教育出版社，1993，第227页。

⑪ 王俊义、黄爱平：《清代学术与文化》，辽宁教育出版社，1993，第235页。

清廷册封土司这样重大的政治事件中，似乎也并非是不可能之事。而且，这方面的理由似乎更为充分。

首先，前面说到，"剃发易服"制度的强行推行，激起了广大人民的不满，为了缓和民众的反抗斗争，清王朝不得不接纳明遗臣金之俊的建议，采取"十不从"的妥协政策。所谓"十不从"，即指"男从女不从，生从死不从，阳从阴不从，官从隶不从，老从少不从，儒从而释道不从，娼从而优伶不从，仕宦从而婚姻不从，国号从而官号不从，役税从而语言文字不从"。[12]这"十不从"虽未见之于正式命令和规定，但在清代的服饰中确实是有这样的情形。"像结婚、死殓时一般女性都用明代服饰，未成年的孩童也是这样；又如清代官府里奴隶以及出行时鸣锣开道的人员，也用明代服饰，戴着红、黑高帽；民间举行赛神会时也是如此；优伶演戏时同样穿明代衣着。"[13]可见，对"十不从"建议的采纳，使有关前朝服饰的沿用得到了一定程度上的许可，生活中的一些着装也变得宽松。

其二，"十不从"中有"儒从而释道不从"这一条，表明了对释、道在更易服饰上有更大的默许，这使得宗教绘画、壁画在表现上变得相对自由。这一点，我们可以从清代著名的佛传故事绘画《释迦如来应化事迹》一书中看到。此书成于乾隆末期，嘉庆时期（1796～1820）作为刻印版画开始流传。作者为乾隆朝镇国公永珊，共花了15年时间完成，仅书中208幅插图就耗时7年之久。其作品刻工匀密精致、手法多变，再现了释迦佛出家、修行、传法、弘道的全过程，是一部大型的佛教连环画式的作品。永珊鉴于明代刊印的《释氏源流》一书"惜其经像间有未符，稍不尽意"，便"余因发心另为绘写，以广流通"。[14]并重新编定，定名为《释迦如来应化史迹》。并认为《释氏源流》所配图像，是以天竺的风俗样式绘制的，但'天乾'（即指'天竺'）本异此方，其旧本恐难利俗"。为

图5：明代官员与清代皂隶的对冲 《饭王苦心图》局部

了使本书更易于被大众所接受和理解，也为了更好地传播佛教，他将书中所绘人物的衣冠、饰物、宫室、城廓等一律按中国样式重新绘制，"余惟三衣一钵，乃法相之宏规，今仅依佛制，余皆仍其旧本"。[15]由此书中的场景、服饰等皆取中土习俗。从图像来看，这种中土习俗都是前朝的装束，即王者顶通天冠，官吏戴乌纱帽，其他人戴幞头、裹巾子，身着长袍马褂，腰付玉带，手持笏板；妇女头挽高髻，身着对襟外衣、长裙，皆为汉装打扮。作为清中期出炉的一部向本土信众介绍佛教故事的具有直观形象的教科书，其中的人物、景物皆用前朝汉人的样式，并且没有受到诸如有关"悖理"或"悖逆"的质疑，足以说明清政府对于宗教及相关文化艺术的宽待。这也可以说明广

允缅寺壁画中，出现许多着汉装的人物和明清官吏"冲突"的情况，或许也是在此情理之中。

其三，"抚绥六诏，安辑百蛮"的边疆策略带来的松动和灵活性。明代以来，边陲地区皆为土司政权所统治。尽管也隶属于中央王朝

注释：

[12] 周锡保：《中国古代服饰史》，中国戏剧出版社，1984，第450页。

[13] 周锡保：《中国古代服饰史》，中国戏剧出版社，1984，第450页。

[14] 王小明：《佛传》，学苑出版社，1998，第2页。

[15] 王小明：《佛传》，学苑出版社，1998，第2页。

图6：明清服饰同台亮相 《饭王苦心图》局部

的版图之内，但不过是领"印信一颗，号纸一张"，接受朝廷的封号，为朝廷"供徭役"而已，并不向朝廷交粮纳税⑯，自有一套政治、经济、军事和刑罚制度。当地的土司、头人即是其统治范围之内的"土皇帝"，不受或很少受中央朝廷的法令约束。加上土司制度是一种分封世袭的制度，父职子继，朝廷对之也无可奈何。⑰尽管清政府推行"改土归流"运动，实行分封制，对一些王侯授予尊号，给予特殊的待遇，以实现对边疆的控制，但在推进中仍引起了当地的反抗。因此，绥靖边陲，安抚土司头人，一直是常用的策略。同时针对不同的地区，实行不同的"改土归流"政策。鄂尔泰就提出并实施了"江外宜土不宜流，江内宜流不宜土"⑱的方案，放弃以思茅地区（现普洱市）以南的改流，允许一些土司继续存在。整个傣族地区被不同的行政制度分而治之，澜沧江以东、怒江以东的土官土司，陆续撤废，改设县或厅，置流官统治。两江以西的西双版纳、德宏、孟连、耿马等边境地区封建领主经济仍占主导地位，清朝基本沿用明朝的统治政策，承认原来土司统治的合法性。⑲广允缅寺

图7：前是着清朝服饰的官吏
后又是着明朝服饰的皂役
《饭王苦心图》局部

所处的沧源佤族自治县比起耿马还更靠近边境，无疑保留了明显的封建领主的政治形态。

与此同时，清廷还利用宗教来强化政权的稳定，从治国需要出发决定如何对待各种宗教，对其统治有利的大力加以扶植；对政权不至于造成威胁的采取不干涉其信仰的相对宽容的政策。

佛寺作为宗教活动的重地，无疑具有多重的社会功能。从广允缅寺壁画所带有的明显政治色彩看，无疑与当时清政府册封土司的内容或景象有关。许多画面主要由人物、阁楼、城池、园林、旌旗等组成，其基本格局是正中有一阁楼，坐一王者或大员，周边各有手持笏板的官吏以及手执刀枪的武士。这种阵势很像汉地公堂上的列队布阵，也像清政府册封当地土司的场面，表明了宗教与政治一体化的倾向。而"每一个新土司上任，都要在署内举行登基典礼，接受各级头人、山官的庆贺，并重

图8：提壶端茶的清代吏员　《饭王苦心图》局部

注释：

⑯ 徐怀宝：《清代金川改土为屯》，《首都师范大学学报》（社会版）1995年第5期。

⑰ 徐怀宝：《清代金川改土为屯》，《首都师范大学学报》（社会版）1995年第5期。

⑱ 刀承华、蔡荣男：《傣族文化史》，云南民族出版社，2005，第38页。

⑲ 刀承华、蔡荣男：《傣族文化史》，云南民族出版社，2005，第38页。

新委任大小头人。"[20]"土司在衙署内行使统治权,清代朝廷赏赐宣抚的官服、旗帜、傣汉方图籍等"[21],这种情况通过壁画中政教合一的场面得到了体现。而在对少数民族的上层采用封爵、给俸、联姻等政策笼络安抚的背景下,边疆策略常常会出现松动而富有灵活性。因此,广允缅寺壁画中明清官吏"冲突"的现象即便被看作是某种"悖理"或"悖逆",但由于是在少数民族地区,只要不是包含明显的反抗意识,以激起具体的悖逆行为,也就大事化小、小事化无。事实上,明清官吏"冲突"的现象不仅出现在广允缅寺壁画中,在云南石屏县城南十余公里的冒合乡五爪山上的罗色庙(道光二十五年,即1845年)正殿中,三面墙上画有纪念彝族明末土司袭知州马赫奴的壁画,"壁画中的官员与士卒等在服饰方面,也出现明清混杂的情况"。[22]这也从另一侧面佐证了在云南边疆的一些宗教庙堂壁画中,出现明清官吏人物同台的情况并不是个别现象。

其四,如果说广允缅寺壁画中这种明清两代官吏"冲突"的情况,作为一种悖理现象出现在道光年间,那么在一定程度上也是由于当时特定的社会环境所决定的。众所周知,嘉庆时期(1796~1820)是清王朝由盛及衰的转折点。道光之后,清朝国力逐渐衰落,政治上也更为腐败。一方面是国内诸多民众的反抗斗争此消彼长,迫使清廷频于镇压和应付;另一方面是外来势力的入侵,特别是1840年鸦片战争、1850年的第二次鸦片战争,使清政府陷入从未有过的危机。英人濮朗德·白可好司记道光年间(1821~1850)中有这样的话:"宣宗即位,其时清室已渐衰矣,内则叛乱踵起,外则强邻逼近,清廷之威信渐替,军队之腐败日甚,满人既丧其朴厚强武之风,汉族亦浸移其尊仰爱戴之诚,宫外官吏则贪赃纳贿,愚懦卑鄙,官场坠地,士气凌夷,而忧患之中矣。"[23]在这种内忧外患的背景下,作为众多民族共居的边疆云南,本来就是清政府难以实行严厉的集权管制之地,加上这里是明永历帝逃亡被俘和被杀之地,散留着某种反抗意识和势力也属正常。而壁画中即便有舒泄怨气、忿怒情绪的情况,或者出现悖理或悖逆的现象,也会因清政府的自顾不暇而无力监管。加之这里民风淳朴,无检举逸言告讦之人,只要不引起大的动乱,无关社稷,官方只能睁一只眼闭一只眼,所谓"民不举,官不究"。

其五,特殊地理位置带来的难以监管。沧源佤族自治县地处西南边陲,比邻缅甸,距离北京万里之遥。古代交通落后,信息传播慢,

图9:夜巡的清朝吏卒和明代差役 《饭王苦心图》局部

政策的执行力和实效性不强,地方百姓的政治意识淡漠,画工有意或无意的表现前朝服饰也不足为奇,因此,广允缅寺壁画绘制于道光年间也在情理之中。而直至1895年中日甲午战争清朝落败,中国开始沦为半封建、半殖民地国家,清政府对边疆的管控更是鞭长莫及、力不从心,这也使有着"悖理"的广允缅寺壁画能安然存在并被一直保存下来的原因(图 8、9)。

因此有理由相信,广允缅寺壁画绘制于道光年间是可信的。因为有关剃发易服等严厉专制政策随着"十不从"的实施,让宗教壁画中这种明清两代官吏"冲突"的情形逐渐变得不那么罪不可恕,尤其是出现在天高皇帝远的边陲小镇,就更不是什么蹊跷之事。而这种情形正好也是当时傣族地区特定的政治格局、社会环境和文化心理的一种反映。

注释:

[20] 云南省少数民族古籍整理出版规划办公室:《中国傣族史料辑要》,云南民族出版社,1989,第14页。

[21] 云南省少数民族古籍整理出版规划办公室:《中国傣族史料辑要》,云南民族出版社,1989,第13、14页。

[22] 王海涛:《云南历代壁画艺术》,云南美术出版社,2002,第10页。明清官吏服饰混杂图像见《云南历代壁画艺术》,第370-378页。

[23] 周锡保:《中国古代服饰史》,中国戏剧出版社,1984,第451页。

云南广允缅寺壁画的揭取和修复技术

作　者：韦　荃　四川博物院　院长

广允缅寺又称"学堂缅寺"（缅寺即佛寺），位于云南省沧源县城内。建于清道光初年，现仅存大殿及二门。大殿为三重檐歇山式木结构建筑与一亭阁的复合结构。殿内外墙上绘有壁画，壁画多为墨勾轮廓，再填色，风格和技巧与内地明清作品相似。内容多为佛竖故事，它反映了一定的风情民俗。建筑风格独特新颖，具有较高的历史艺术价值，是傣族和其他民族文化交德的实证。1988年国务院公布为第三批全国重点文物保护单位。

一、壁画揭取前的状况

广允缅寺座南朝北，面橱五间，进深八间，建筑平面呈长方形。大殿内共有壁画十铺，两边墙对称各四铺。经过100多年的风云变幻和大自然的侵蚀，特别是1988年11月6日地震，壁画受到严重损害，殿内两铺壁画倒塌，其余壁画都用1.3米左右的木板和圆木支撑起来，起到临时保护作用。（其具体情况如下表）

山墙及后墙外壁，原为一完整壁画，因年久失修，经过清洗仅有局部残存。共有八块，面积分别为：$140 \times 76 cm^2$、$167 \times 70 cm^2$、$142 \times 63 cm^2$、$202 \times 60 cm^2$、$156.5 \times 82 cm^2$、$153 \times 64 cm^2$、$140 \times 82.5 cm^2$、$157.5 \times 86 cm^2$。

壁画修复前状况表

序号	面积（m²）	偏离重心（cm）	状况
1	2.59	12	左边中部掉落，多处裂缝、空臌。
2	2.14	10	因漏雨，右半部画面无存、左下方掉落100cm，局部外凸。
3	6.35	14	多处钉有木柱，铁钉，画围空臌，酥碱严重。
4	2.17	8	因漏雨大面积起甲脱落。
5	3.08	10	有白灰污染，局部酥碱、起甲。
6	3.08	6	多处拉缝，画层局部起甲脱落。
7	2.3	7	局部脱落。
8			毁于地震。
9	5.91	33	严重倾斜，多处拉缝、脱落。
10			毁于地震。

二、壁画的结构和制作工艺

广允缅寺壁画，结构简单，制作工艺差，为一次性制作结构。墙体为泥土和稻草加工面成的土坯砖（尺寸大小$32cm \times 16cm \times 10cm$, $25cm \times 14cm \times 9cm$两种规格），土坯墙的厚度为60cm左右，在其上抹白灰沙浆。由于白灰沙浆直接抹在土坯墙上，加之抹灰技术不精，厚薄极不均匀（最大厚度18cm，最小厚度为0.3cm）。因此，固化后，收缩不均，表面出现严重凸凹不平。

三、揭取壁画前的准备工作

1. 摄影与挪量绘图：以整铺和局部照像，记录壁面原存面貌，同时测绘制图，详细准确作好原始记录，作为复原的依据。

2. 确定壁画揭取方法和范围：大殿山墙及后墙内壁的八铺壁画采用整铺揭取，外壁壁画仅有少部分残存，根据现存大小，采取分块揭取。用墨线定出外墙需揭取壁画的大小范围。

3. 壁画及墙体的临时加固：广允缅寺壁画及墙体，因地震已严重偏离重心，殿内的每铺壁画全靠木板和撑杆支顶。在揭取壁画前必须全部拿掉，所以，必须设立临时加固。临时加固同样采用支撑方法，支撑的立足点在壁画四周（10-15cm）无壁画区域，用木枋（约$10cm \times 7cm$）放在壁画的四周，再用撑杆顶住术枋，使壁画处在安全的情况下。取掉原撑板。

4. 画面的清洁、去污：用排笔轻轻将画面浮尘除掉。然后用湿润毛巾将画面上粘附较牢的积土、污迹轻轻吸去。

5. 画面的临时加固：首先用胶矾水（骨胶：明矾：水——1∶2∶25）加固画面两次。再用精粉浆糊纸，贴纱布各一层，四周预留纱布20cm。

6. 揭取板的制作：揭取板尺寸大小与被揭壁画保持一致。采用十字格式框架结构，格与格之间小于30cm，其上装钉层板，要求平整，同时铺衬较厚的棉絮，以防擦伤壁画。

四、壁画的揭取

1. 装揭取板：将事先制作的揭取板，抬起，平稳地靠近壁画，使之与壁画贴紧、周定。

2. 开缝：殿内每铺壁画及墙体都做了临时加固处理。在揭取前，首先在无画的边框进行开缝处理，以便壁画能顺利放下。由于抹灰层硬度大，韧性差，只有采用木工用的手锯进行切割开缝。同时将预先留的纱布上、下、左、右反包在揭取板相应的四条框边上，并且固定。对外壁分块揭取的壁画也作同样处理。

3. 揭取壁画：广允缅寺内外墙均绘有壁画，即后墙为不可拆的。经研究，采用"掏"的办法，拆出墙体。从墙体的顶端着手，铲去顶部的抹灰层（约3cm），显露出土坯砖来。土坯砖是按横竖互相交替砌成的，厚约60cm左右，能容纳一个人的身体。用砖刀等工具，一匹匹地掏取，从上至下，每取30cm就用纱布带或草绳将墙体两侧壁画加固一次，直至土坯砖取完。靠人工先将外壁面积较小的壁画转移至安全地方，放平。再揭取殿内的壁画。

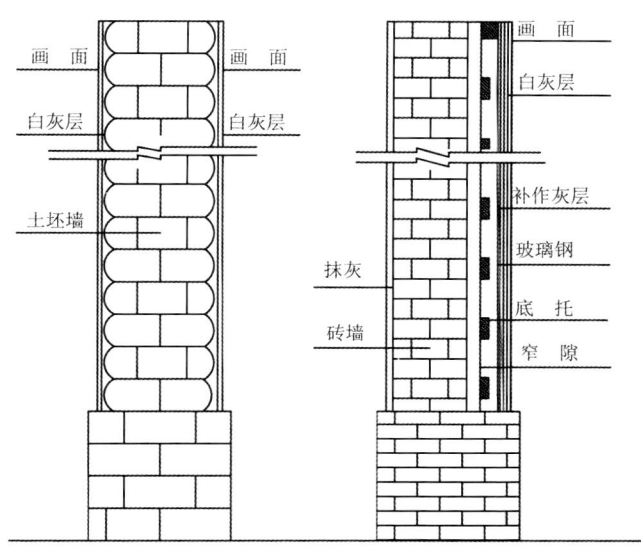

壁画结构示意图

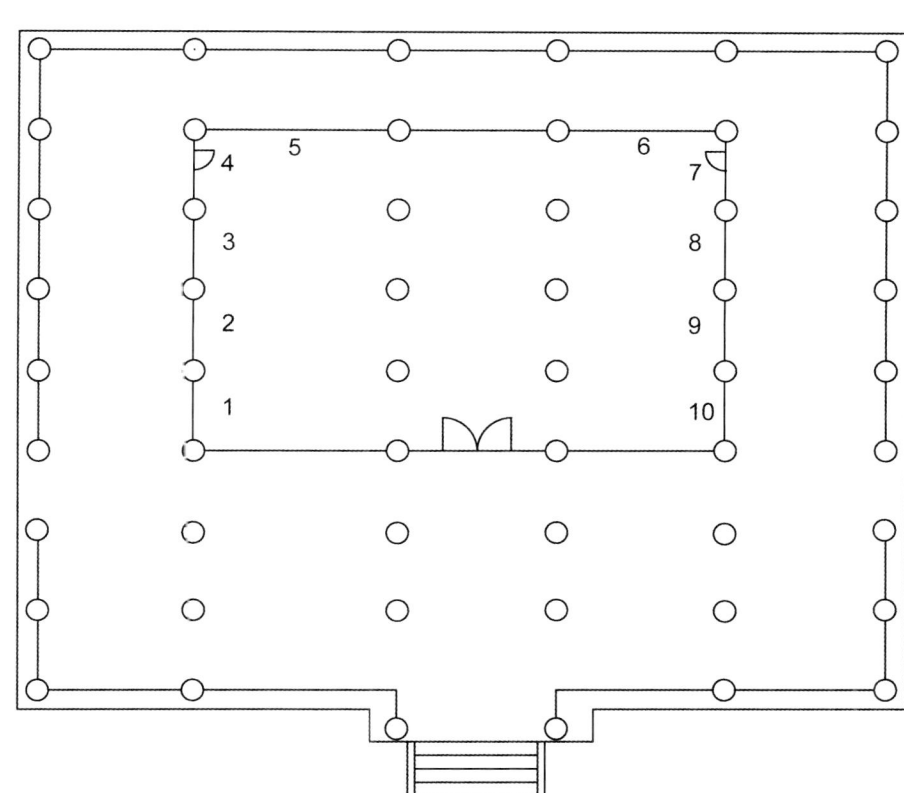

壁画位置示意图

五、壁画背面的处理

1. 找平壁画背面：由于抹灰层仅是石灰、砂的混合物，无拉筋，比重大，硬度高，无韧性，厚薄极不均匀。在这种情况下，进行找平处理，很容易使壁画破裂，如何解决这个新问题，为此做了许多尝试。根据这一特殊情况，采取了保留揭取板上的棉絮（一般找平壁画前都将取掉），增强壁画的韧性和抗压能力。然后用较长的钢钉一点一点的凿，解决了这一难题，取得了较好的效果。

2. 补作抹灰层

壁画基本找平以后，由于壁画厚薄仍不均匀，并有许多裂缝和空洞，必须进行补作灰层处理。根据壁画的特点，补作灰层的配方采用（石灰、洗沙、水泥、乳胶=1:2:1:适量）。补作灰层先用20%的乳胶溶液，将壁画涂刷一遍，主要是增强层与层之间的粘接力，同时也作为隔离层，防止以后作玻璃钢时，环氧树脂浆液的渗透。在涂刷的乳胶液未固化前，完成补作灰层工作。

六、玻璃钢加固及底托的制作安装

待补作泥层完全固化后，开始玻璃钢加固处理。

其配方：环氧树脂6101*　　　100
　　　　丙酮　　　　　　　　30
　　　　邻苯二甲酸二丁酯　　15
　　　　二乙烯三胺　　　　　11

将配制的环氧树脂浆液，均匀涂刷在补作泥层上，贴玻璃纤维布一层，固化后再重复一遍。

底托是选用上等木材，根据壁画大小制成十字格式框架结构，每根枋的用材为4.5cm×7cm，枋与枋之间的跨度不得大于35cm，并用环氧树脂浆液涂刷一遍，以防腐。用环氧树脂胶泥将底托与壁画粘接起来。

七、画面处理

将壁画连同底托翻转，使画面向上，并与地面保持一定倾斜角，用温热水润湿纱布、纸，然后慢慢地揭取纱布和纸，放至通风处凉干壁画。用5%的乳胶溶液对壁画加固两遍。

八、壁画的安装复原

壁画原来是依靠在土坯墙上，复原后的壁面支撑点就没有了。为此，根据壁画大小，在柱与柱之间增做一边框，用榫叩的形式与柱子连结，然后用角铁将壁画安装在增做的边框上，再在边框上补做泥层，同时将壁画上原有的裂缝，空洞进行修补。

原外壁壁面，因保存下来的已不多，根据省、地区文化主管部门的意见，就不进行复原，揭取下来的壁面，经过加固，修复以后，存放至陈列室内。

原来的土坯墙，修复后改为标准砖墙（38墙），在外壁上抹灰，标准砖墙与复原后的壁画底托间有10cm左右的空隙，其目的是通风、隔潮。

广允缅寺壁画维修工程共分两期，1990年10月至11月进行了揭取，1991年2月至3月进行了重装复原，整个工程历时3个月，进展顺利，壁面得到了科学保护，恢复了昔日的风采。

云南沧源广允缅寺检测报告

检测说明：

便携式X荧光光谱仪：Thermo Fisher Niton XL3T950，检测时间70s，高性能微型X射线管：Ag靶， 50kv/200μA

显微共焦拉曼光谱仪：HORIBA Scientific XploRA PLUS，检测时间5-30s，1200刻线光栅，激发波长785nm/532nm，到样品功率约1mW

1. 大殿内壁画颜料检测

检测位置：

检测结果：
红色：检索结果，朱砂

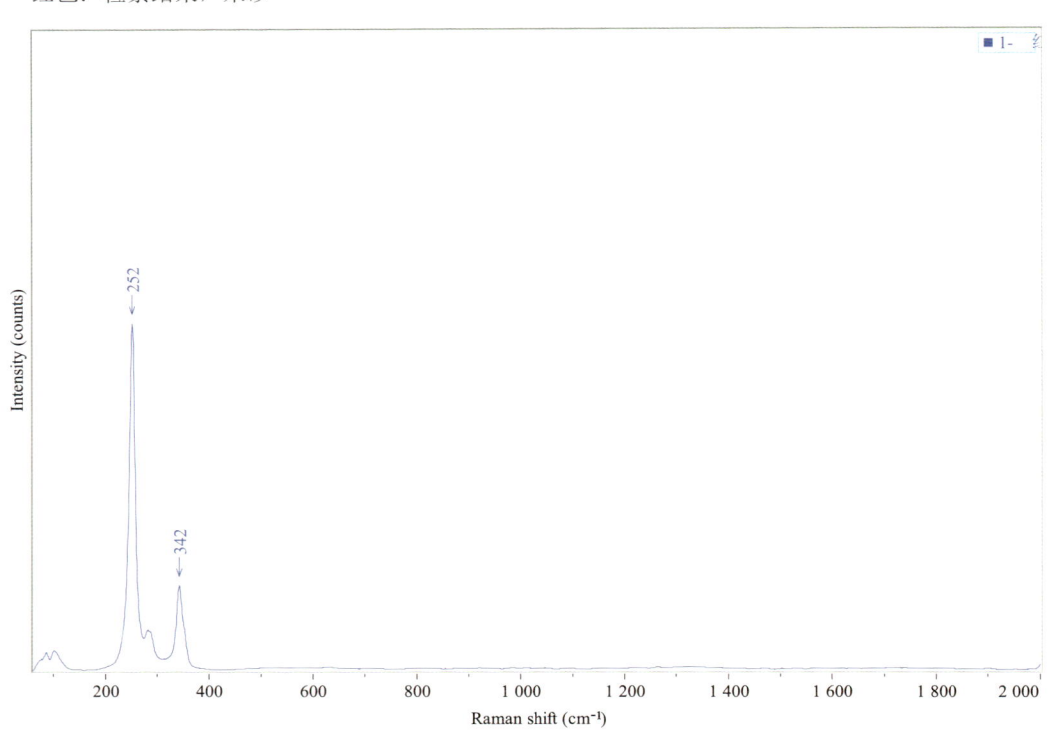

进门左手边第一幅壁画

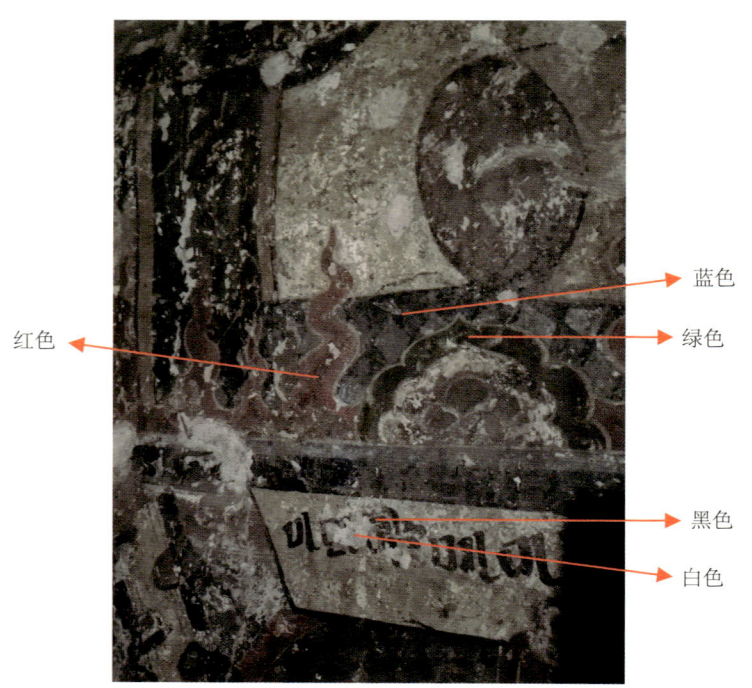

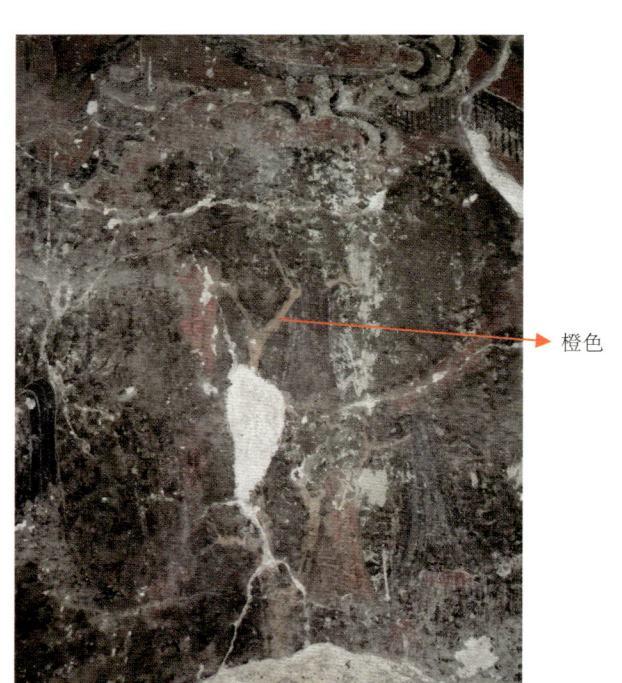

蓝色：检索结果，普鲁士蓝

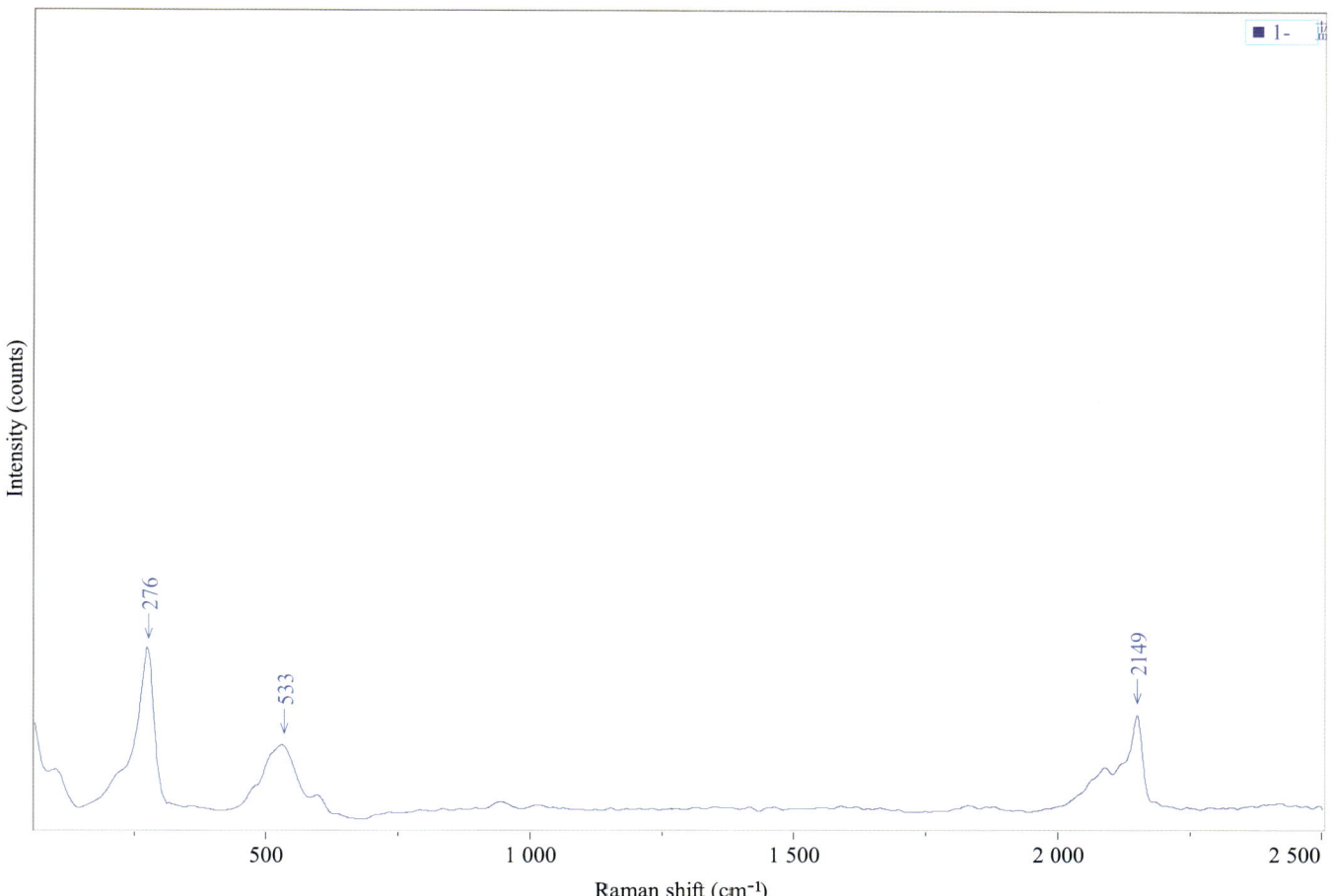

拉曼光谱结果：

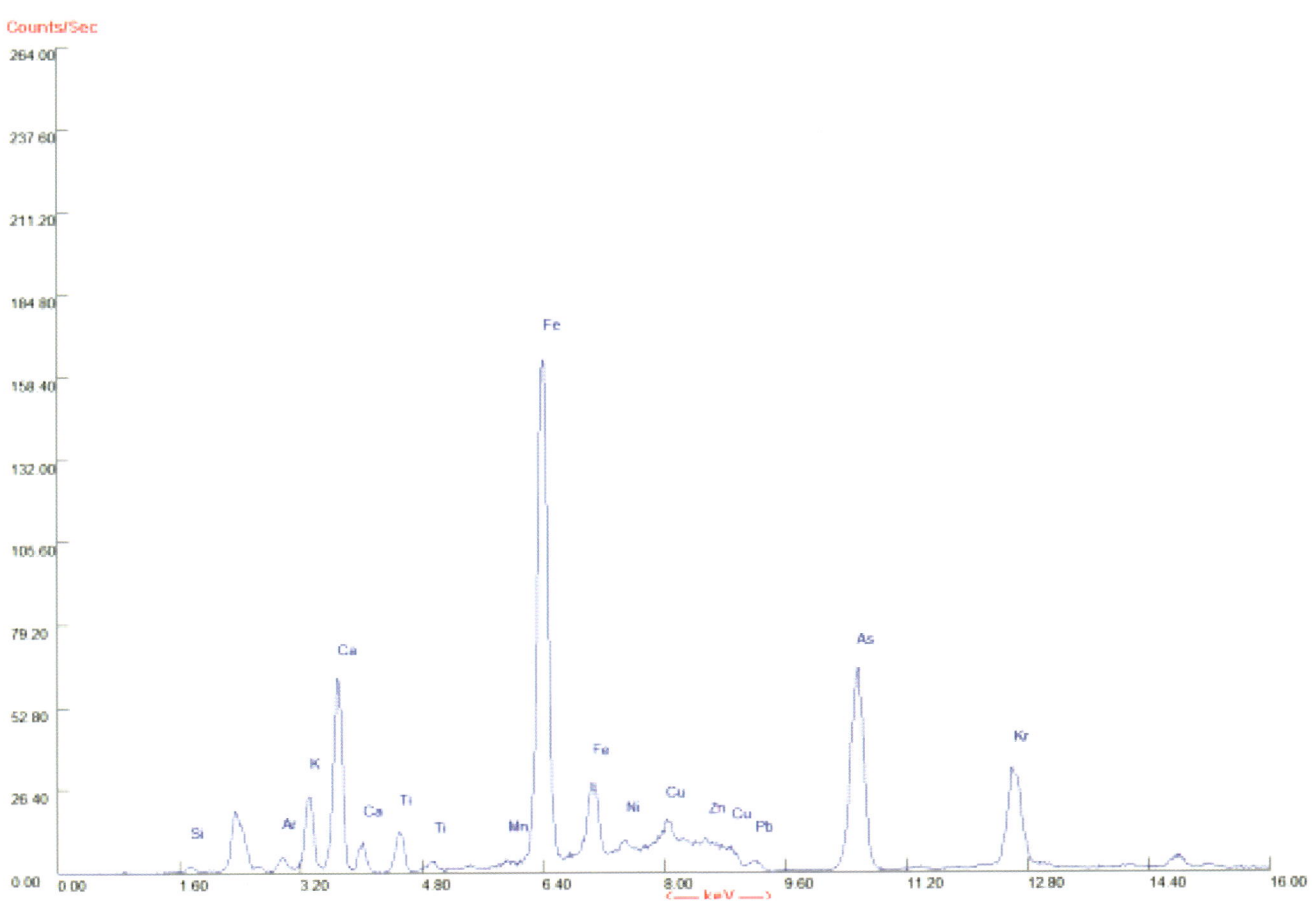

X荧光光谱结果：

元素	单位	As	Pb	Cu	Fe	Ti	Ca	K	Al	P	Si	Cl	S
含量	%	1.563	5.725	0.166	4.597	0.925	10.761	5.917	11.013	1.234	13.102	0.831	31.775

拉曼光谱结果：

绿色：检索结果，孔雀石

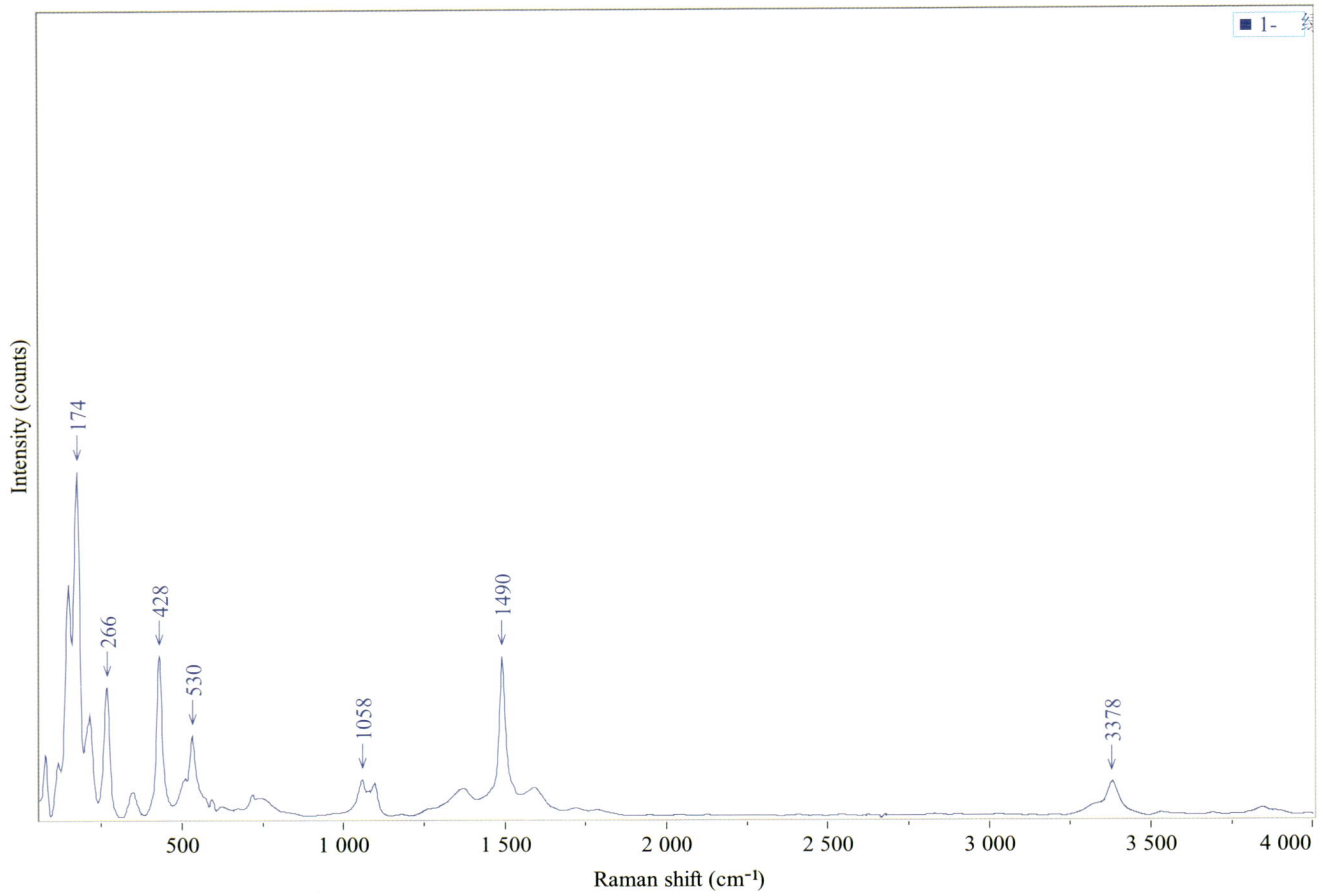

黑色：检索结果，炭黑

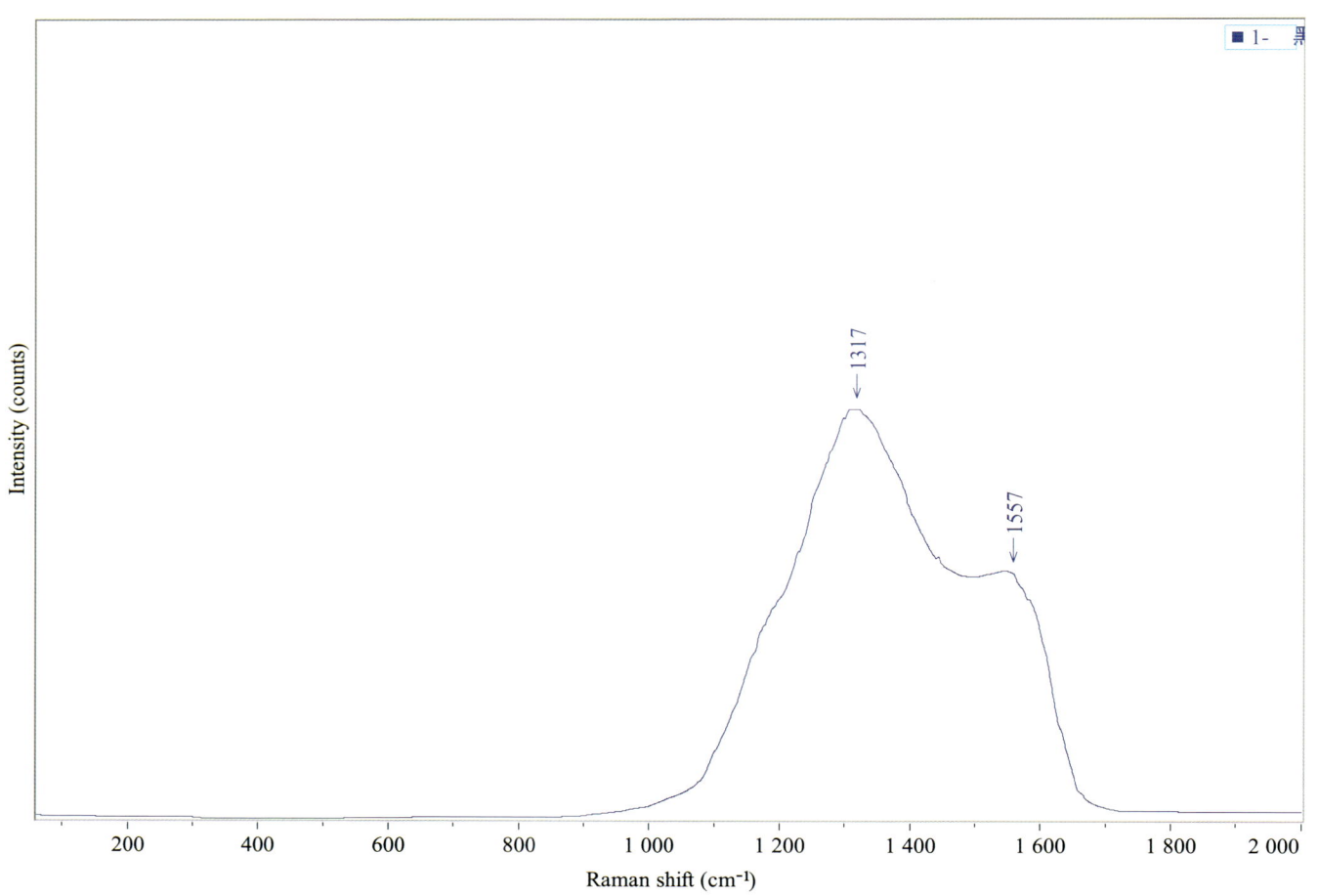

拉曼光谱结果：

橙色：检索结果，铅丹

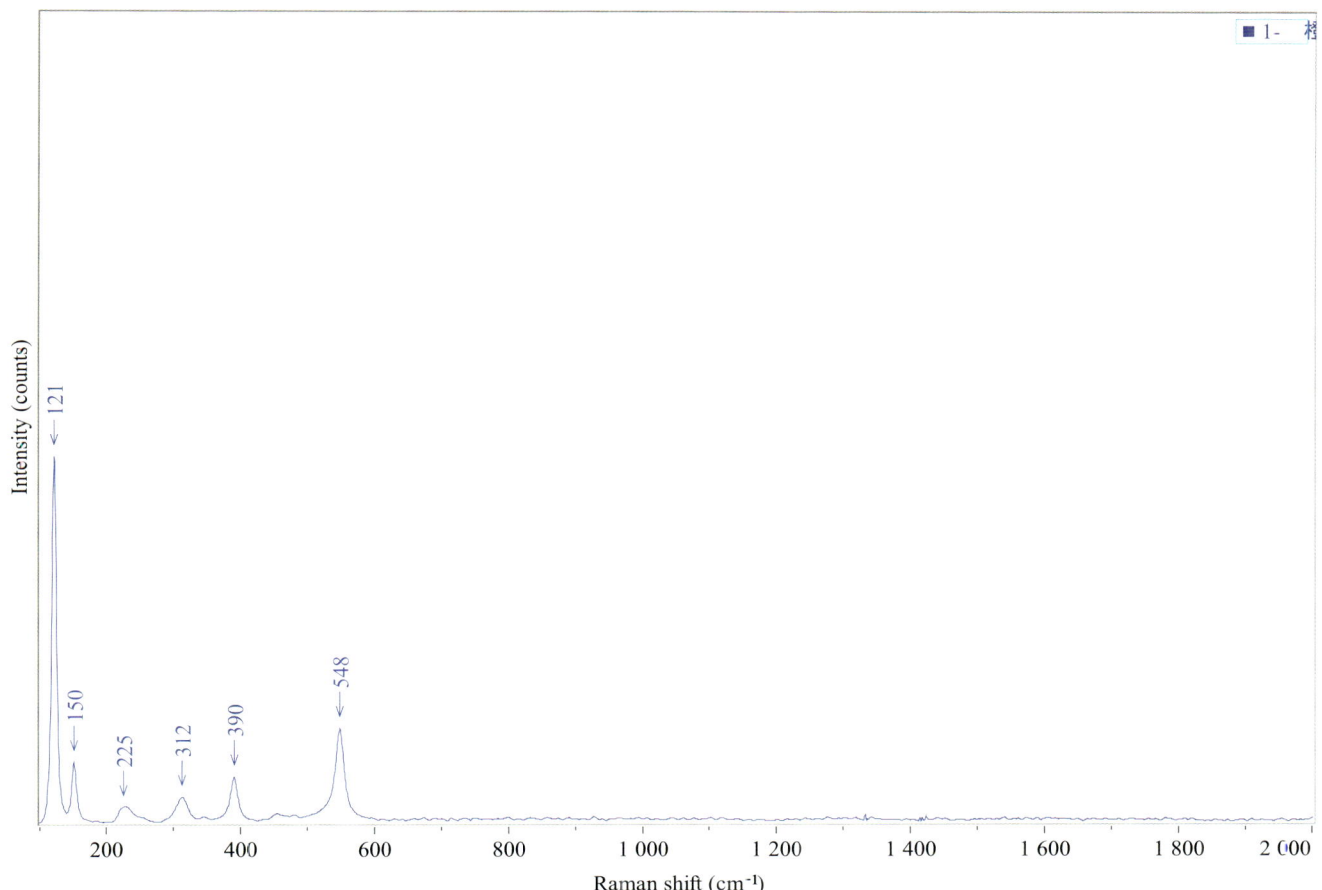

橙色位置2：检索结果，铅丹和碳酸铅

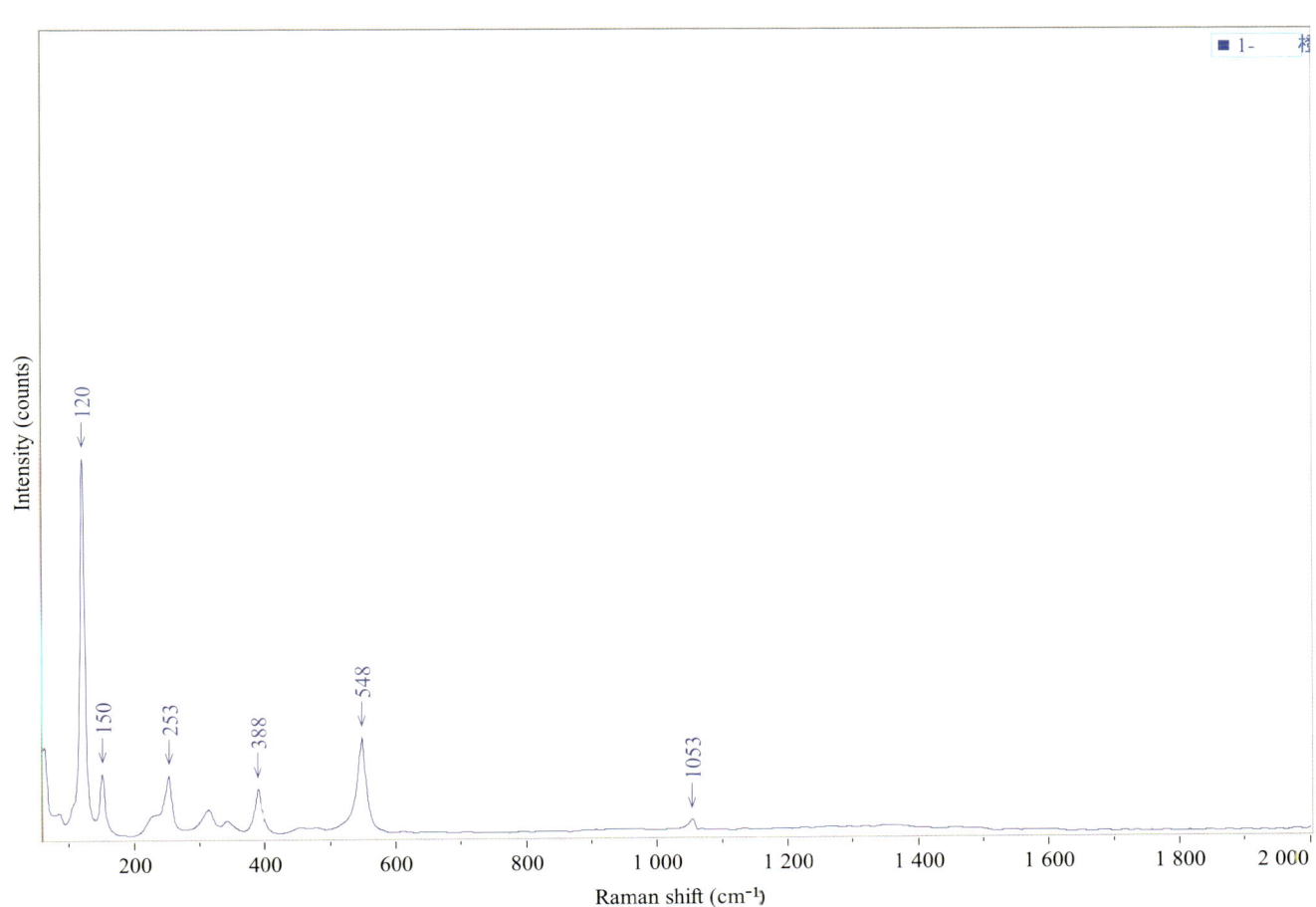

粉红：检索结果，朱砂、硫酸铅、炭黑

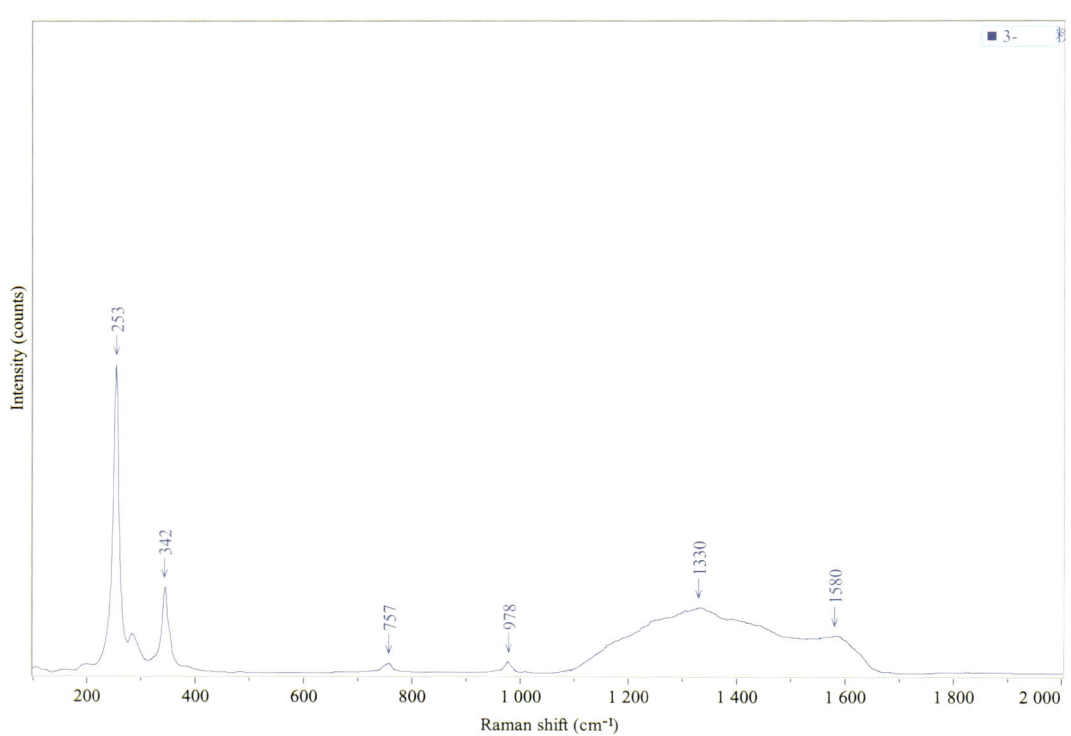

绿色：检索结果，孔雀石

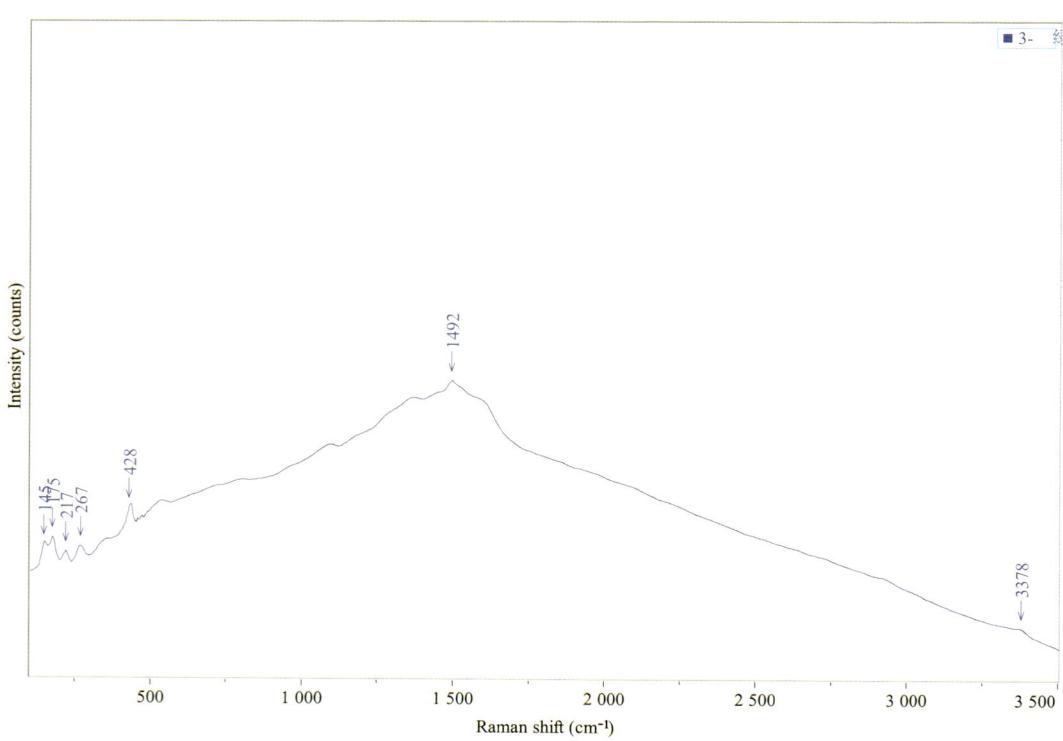

2. 大殿内壁画颜料结构分析

检测位置1：

左数第一幅壁画中上部裂缝

平面图像

 广允缅寺

截面图像 - 位置 1

截面图像 - 位置 2

经过显微观察，此位置存在一层表面污染层，约 15μm，颜料存在一层，约 12-20μm。虽然据记载此壁画经过揭取和回贴，但未发现重层现象。

红色：经过拉曼光谱检测，发现三类不同的信号，一为朱砂，二为朱砂和石膏混合。

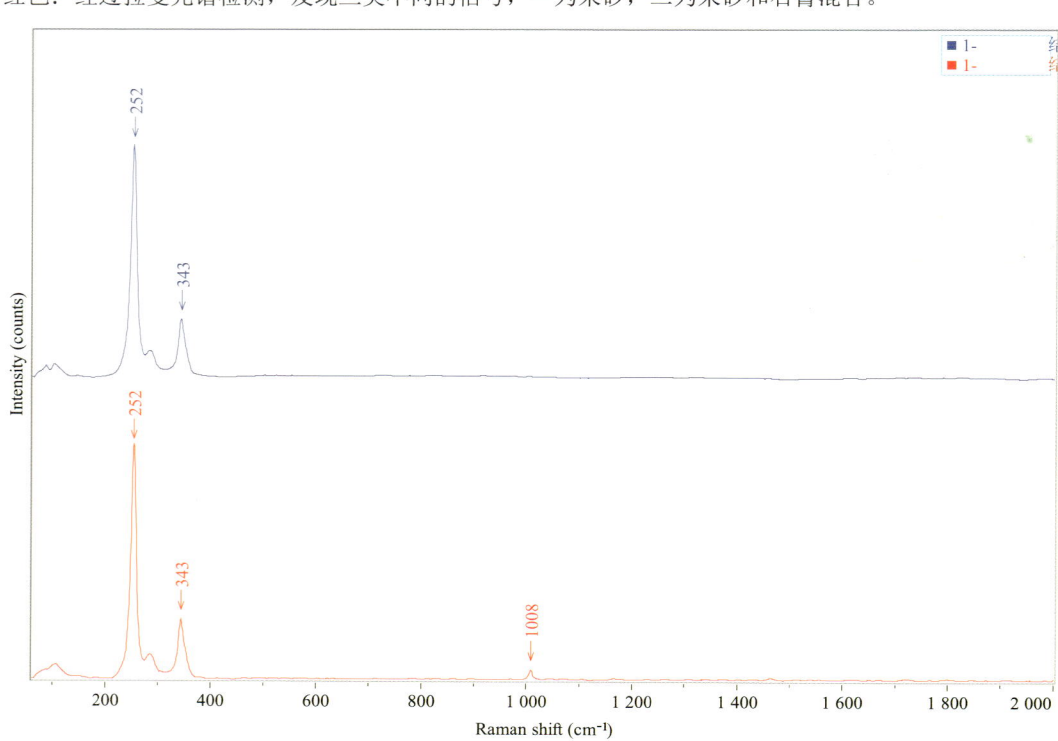

白色：检索结果为碳酸钙

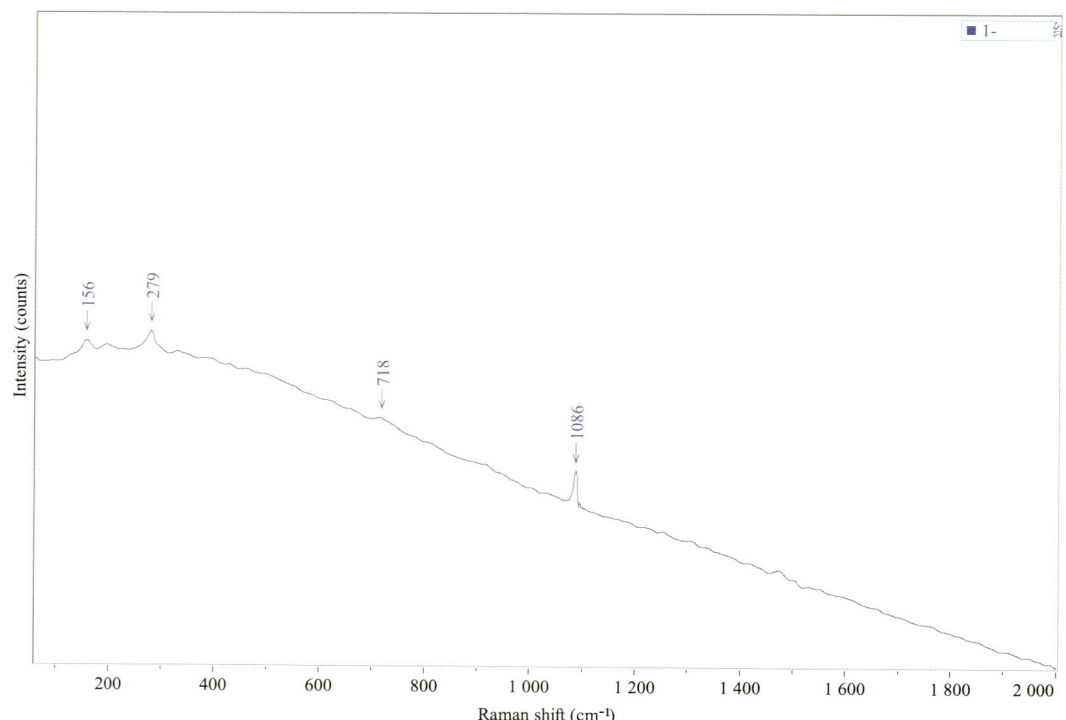

检测位置2：

左数第二幅壁画

平面图像

截面图像

广允缅寺

经过显微观察，此位置存在一层表面污染层，约10μm，颜料存在一层，约20-30μm。虽然据记载此壁画经过揭取和回贴，但未发现重层现象。

拉曼光谱结果：

红色：检索结果，朱砂

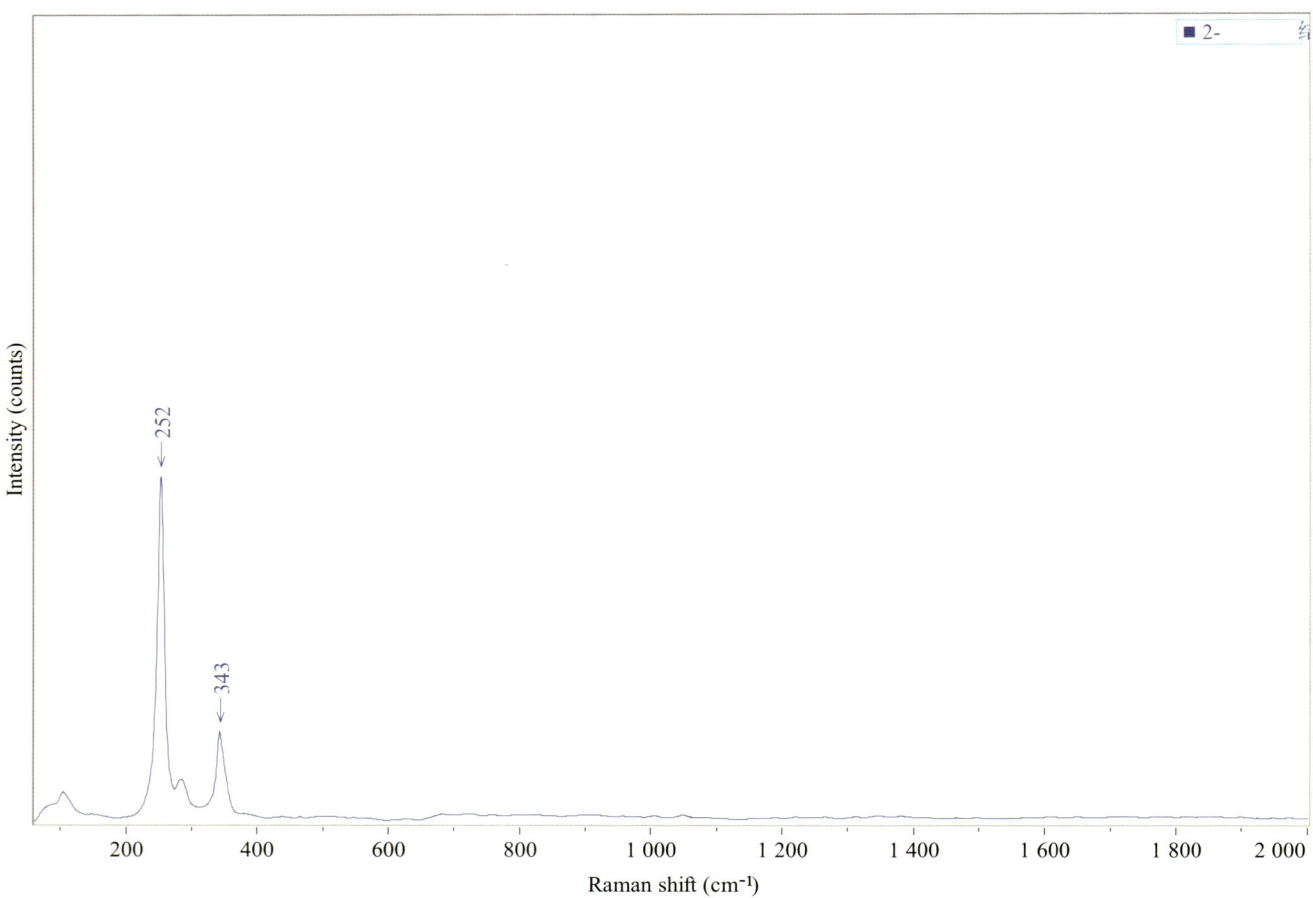

白色：检索结果，碳酸钙

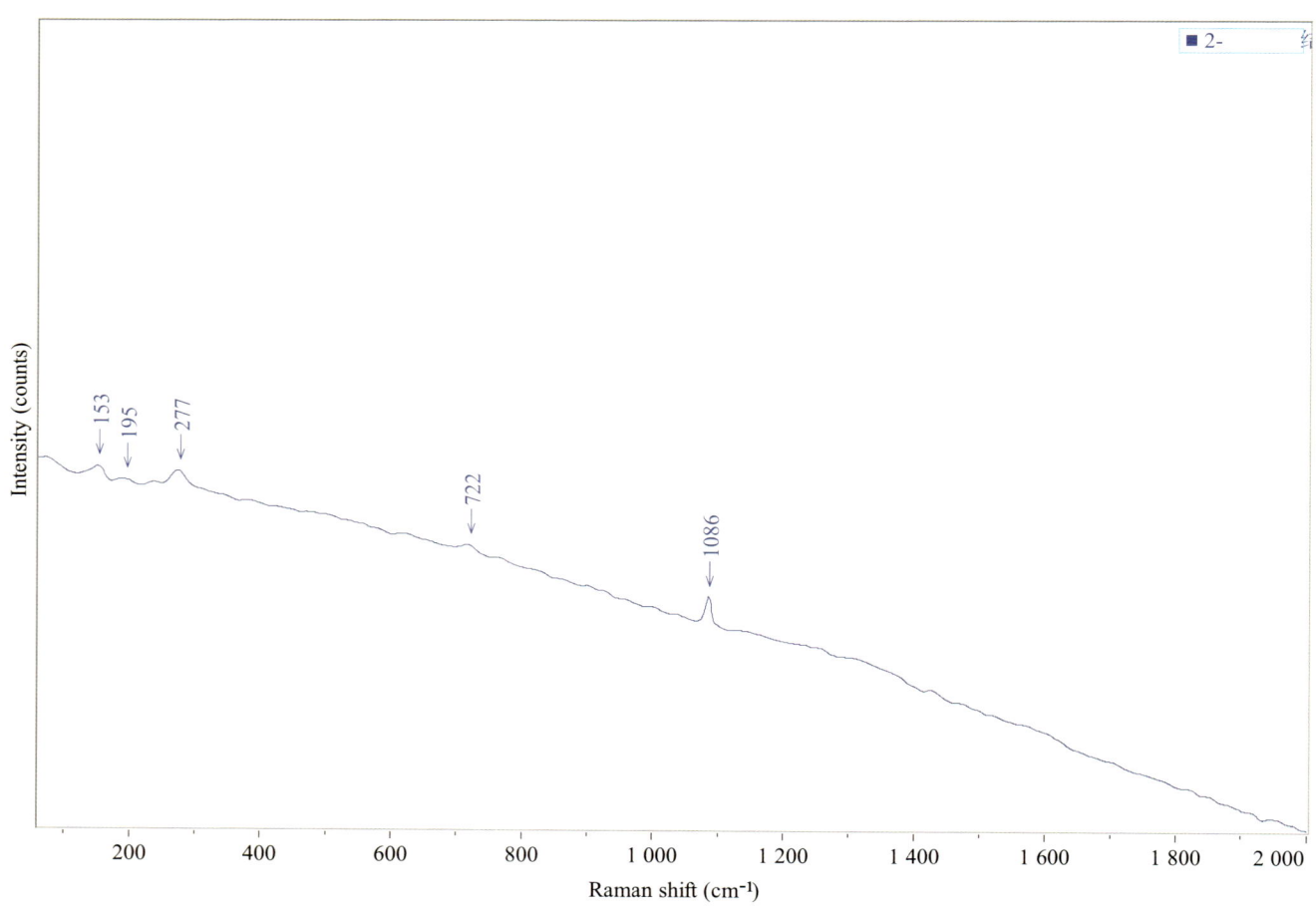

3. 大殿外木底彩画颜料检测

检测位置：

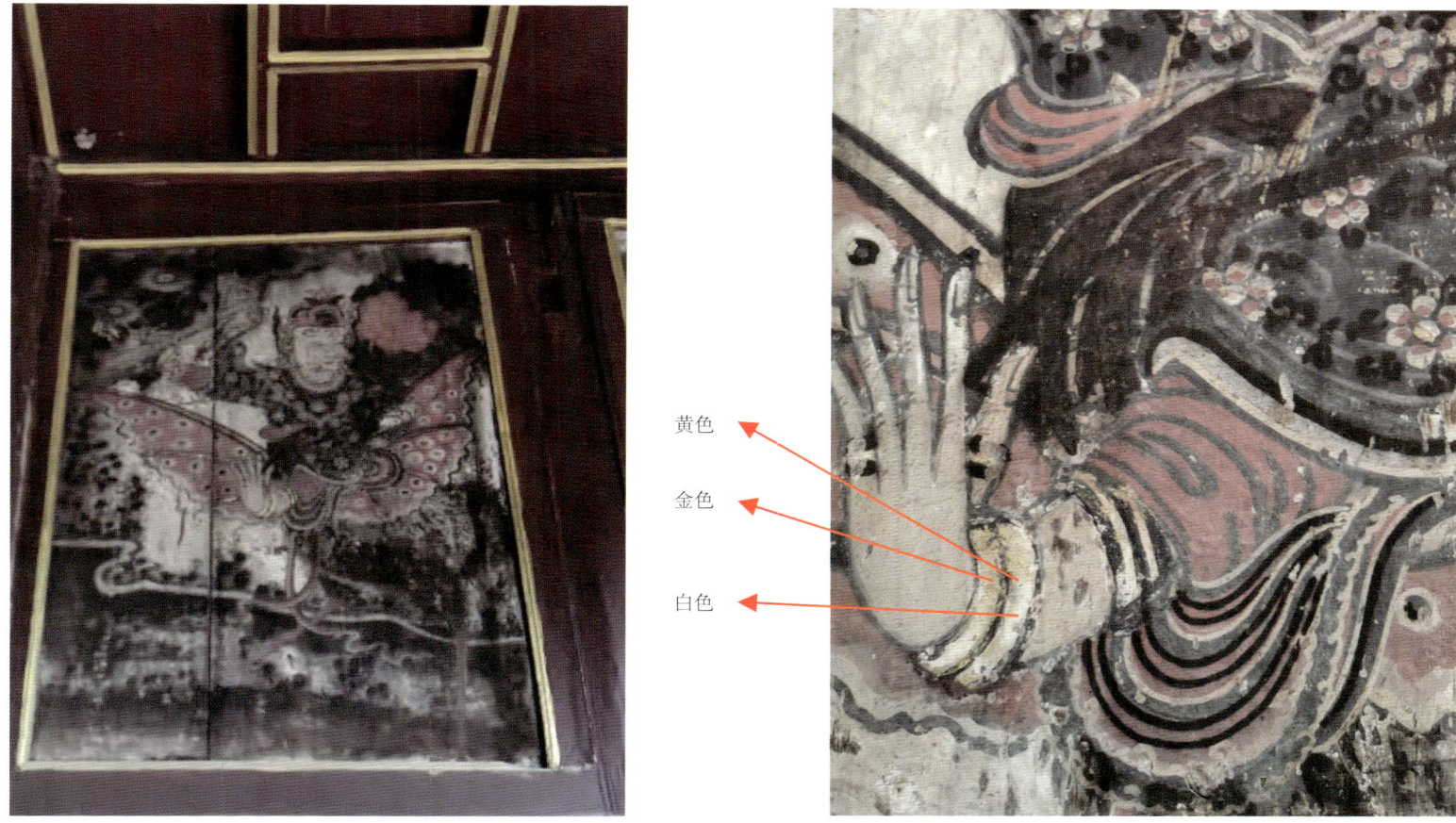

殿外右侧木底彩画

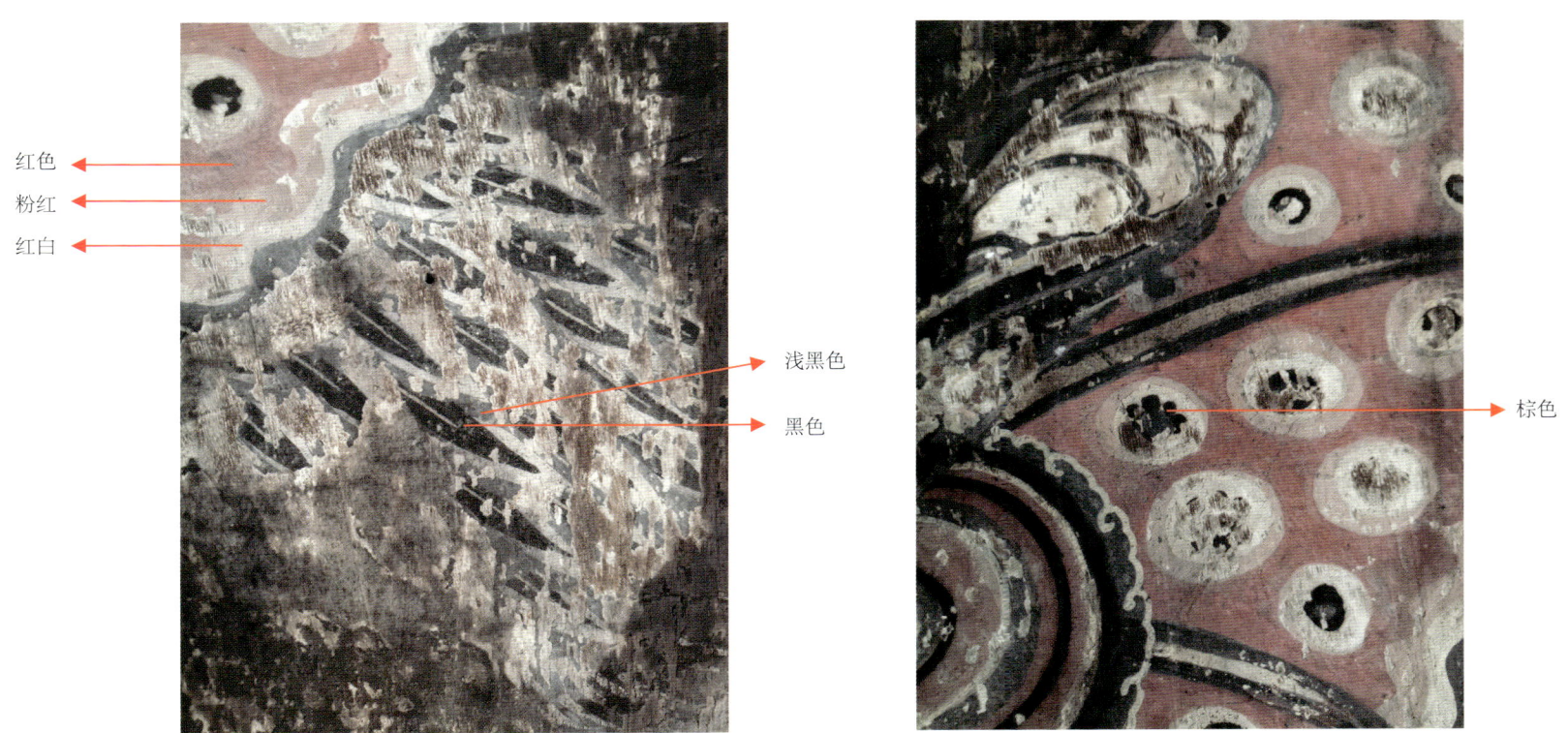

 广允缅寺

拉曼光谱结果：

白色：检索结果，碳酸铅

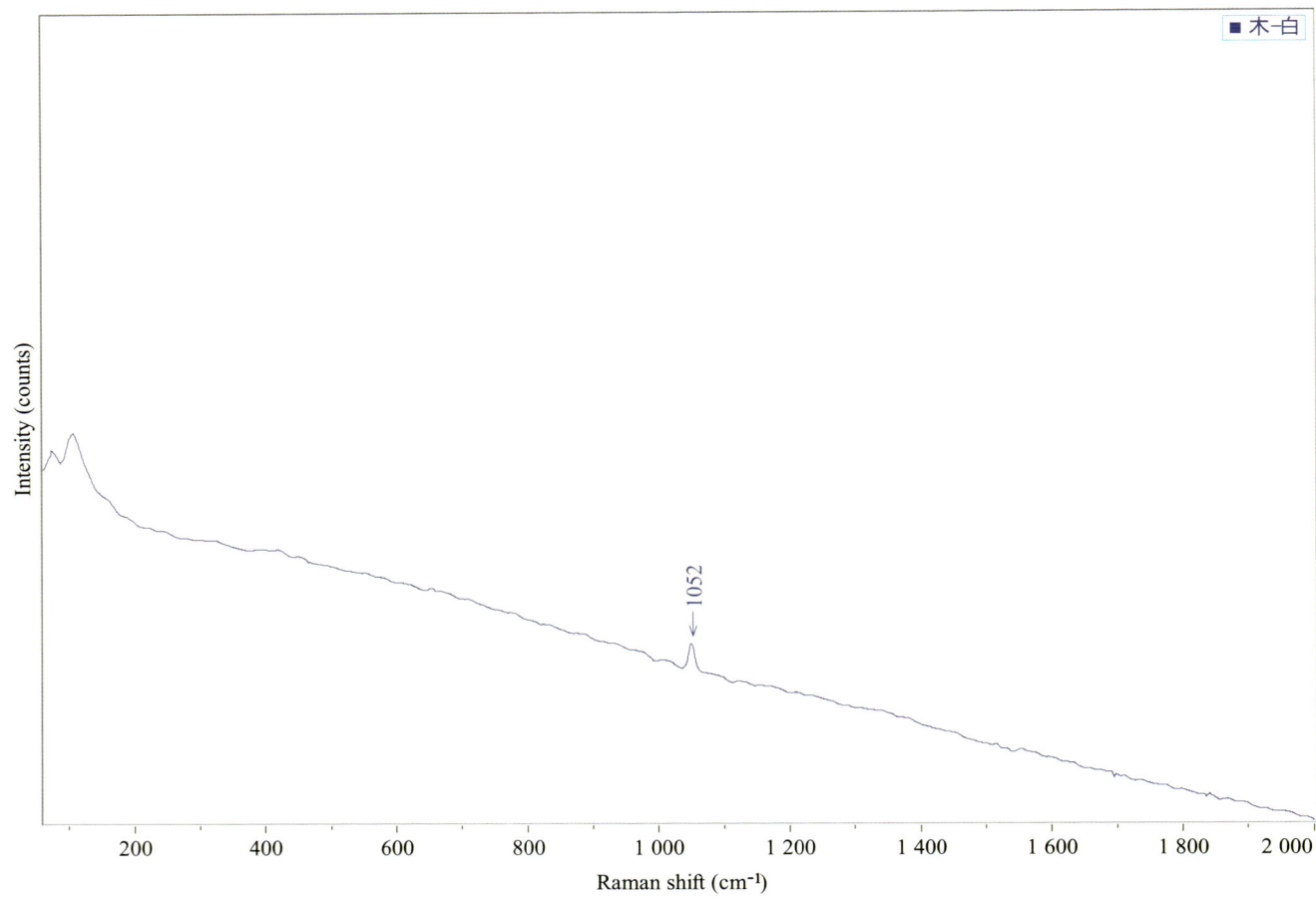

金色：经过 X 荧光光谱检测，含有金元素，推测应为金粉或金箔上色

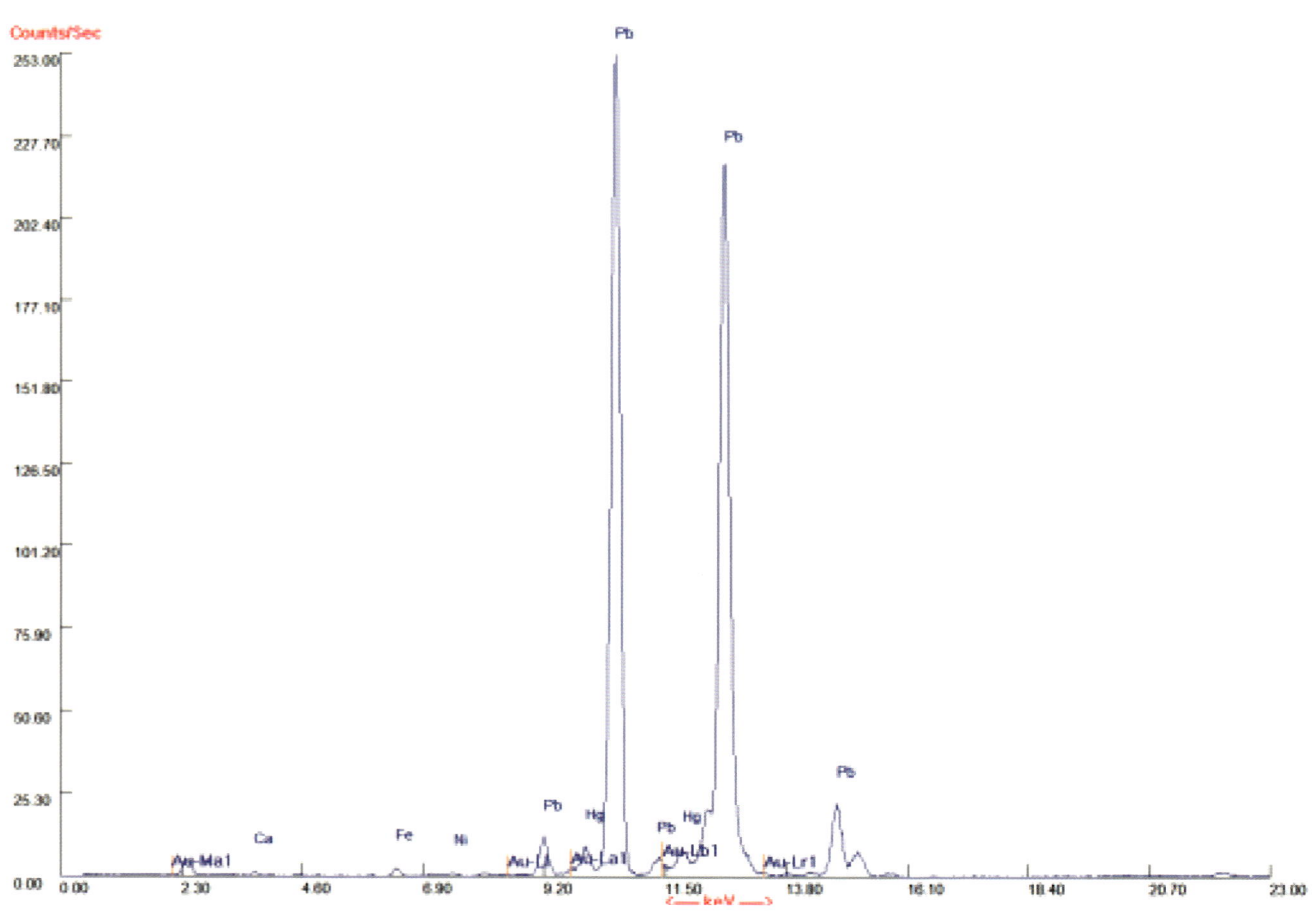

X 荧光光谱结果：

元素	单位	As	Au	Pb	Fe	Mn	Ti	Ca	K	Al	P	Si	Cl	S	Mg
含量	%	4.291	0.208	28.246	0.626	0.153	0.328	4.148	3.142	4.92	0.825	11.747	0.817	19.811	3.984

拉曼光谱结果：

黄色：检索结果，雌黄

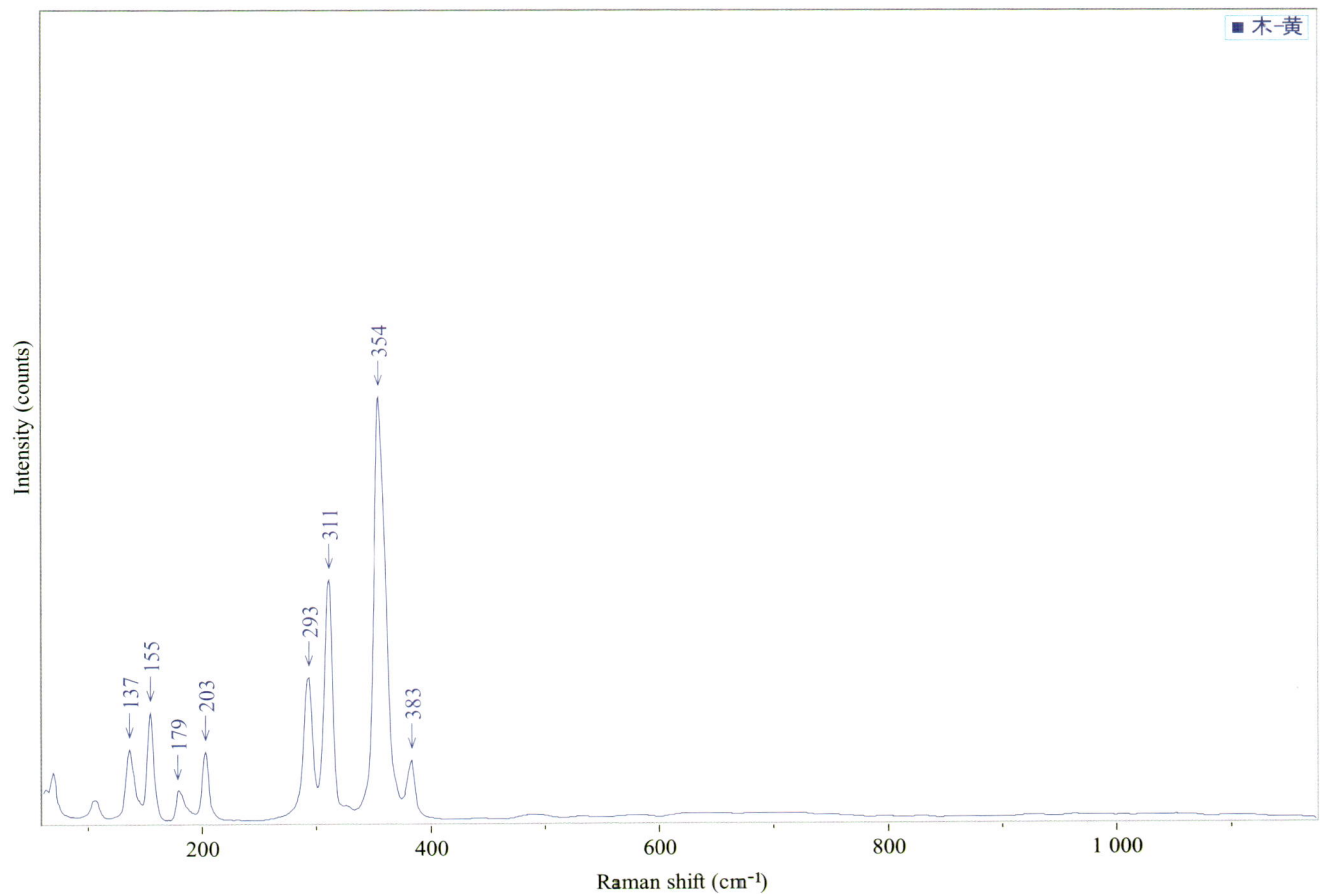

红色：检索结果，朱砂

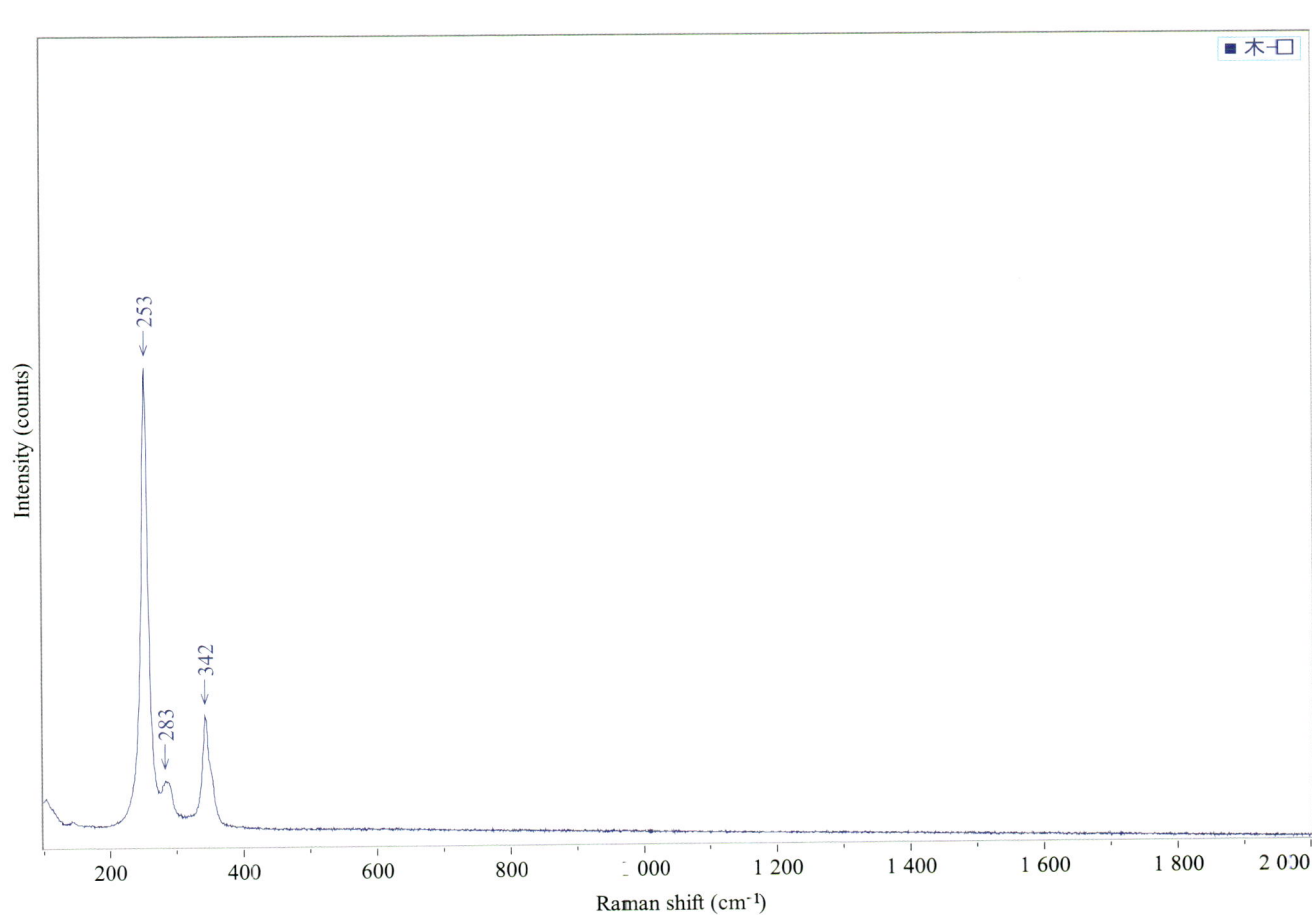

拉曼光谱结果：

粉红：检索结果，朱砂和硫酸铅

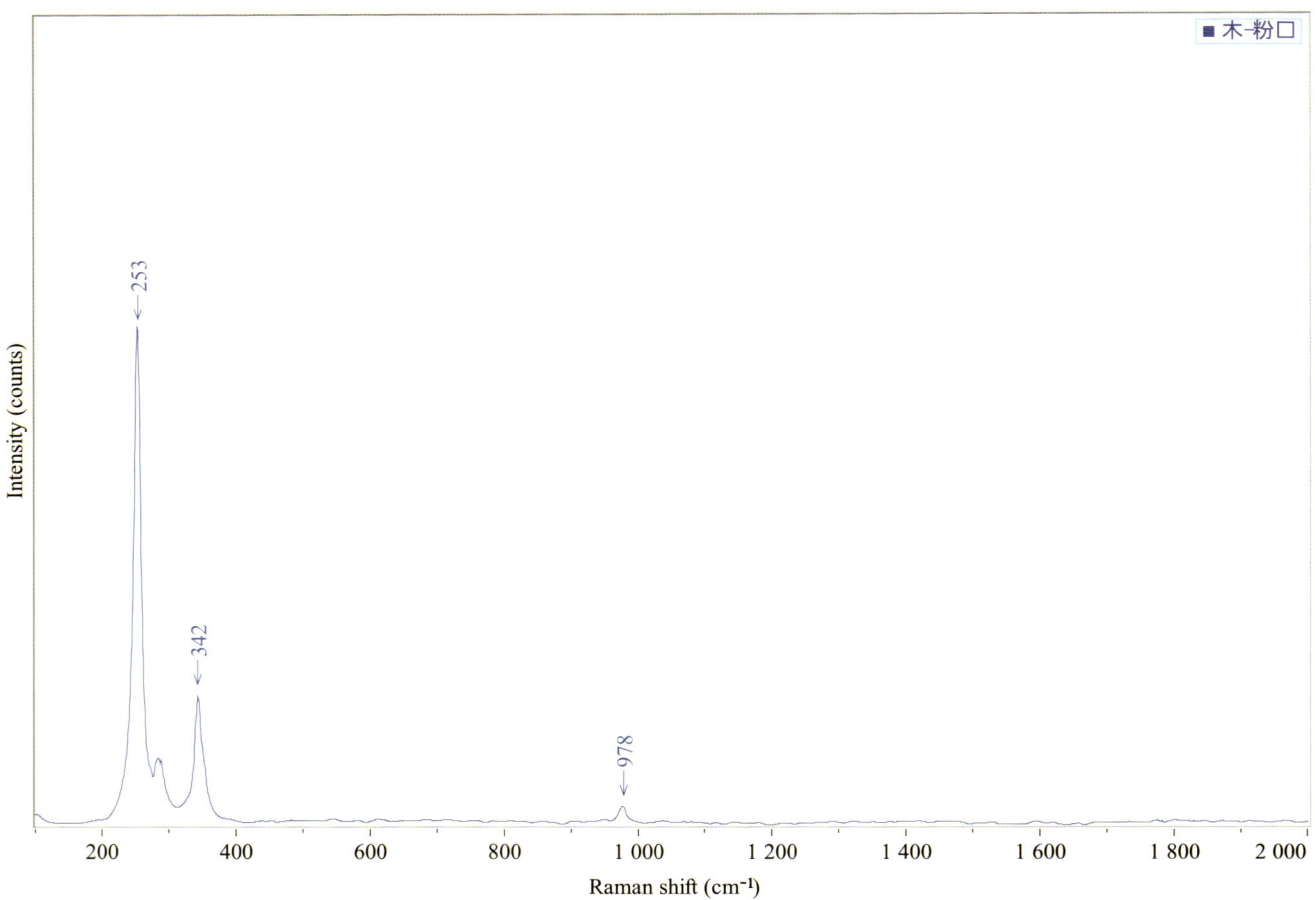

红白：检索结果，朱砂、硫酸铅

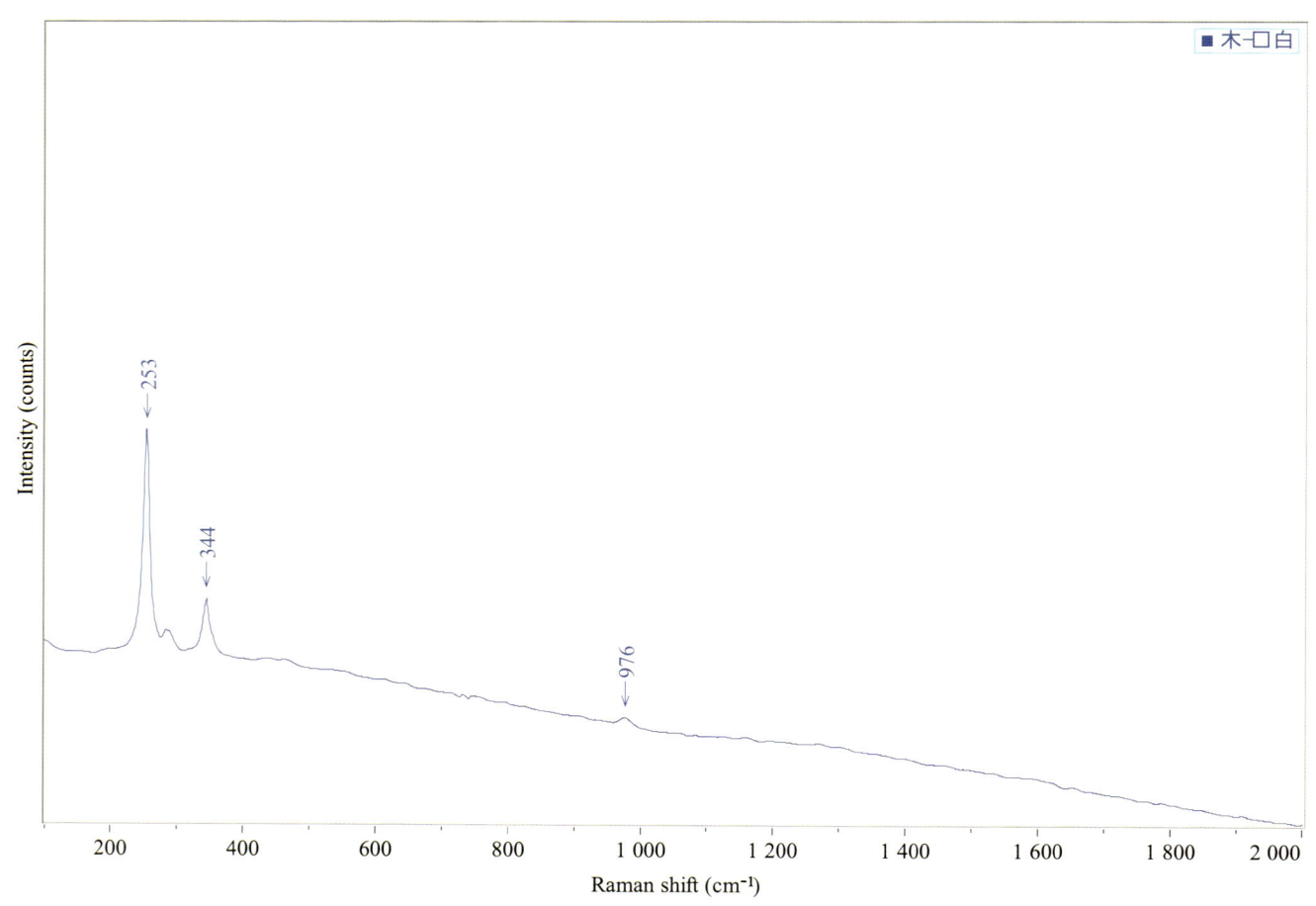

拉曼光谱结果：

黑色：检索结果，炭黑

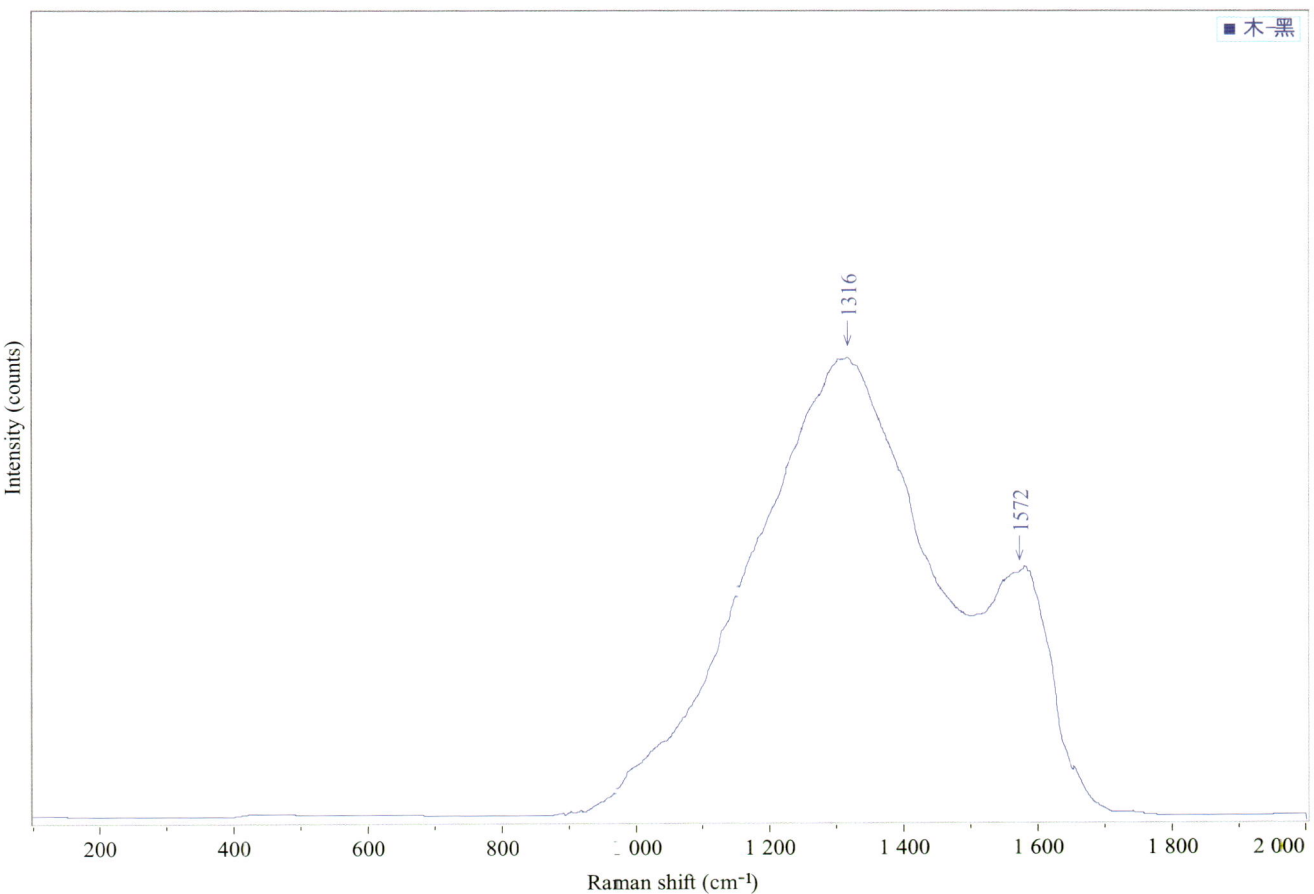

浅黑：检索结果，炭黑

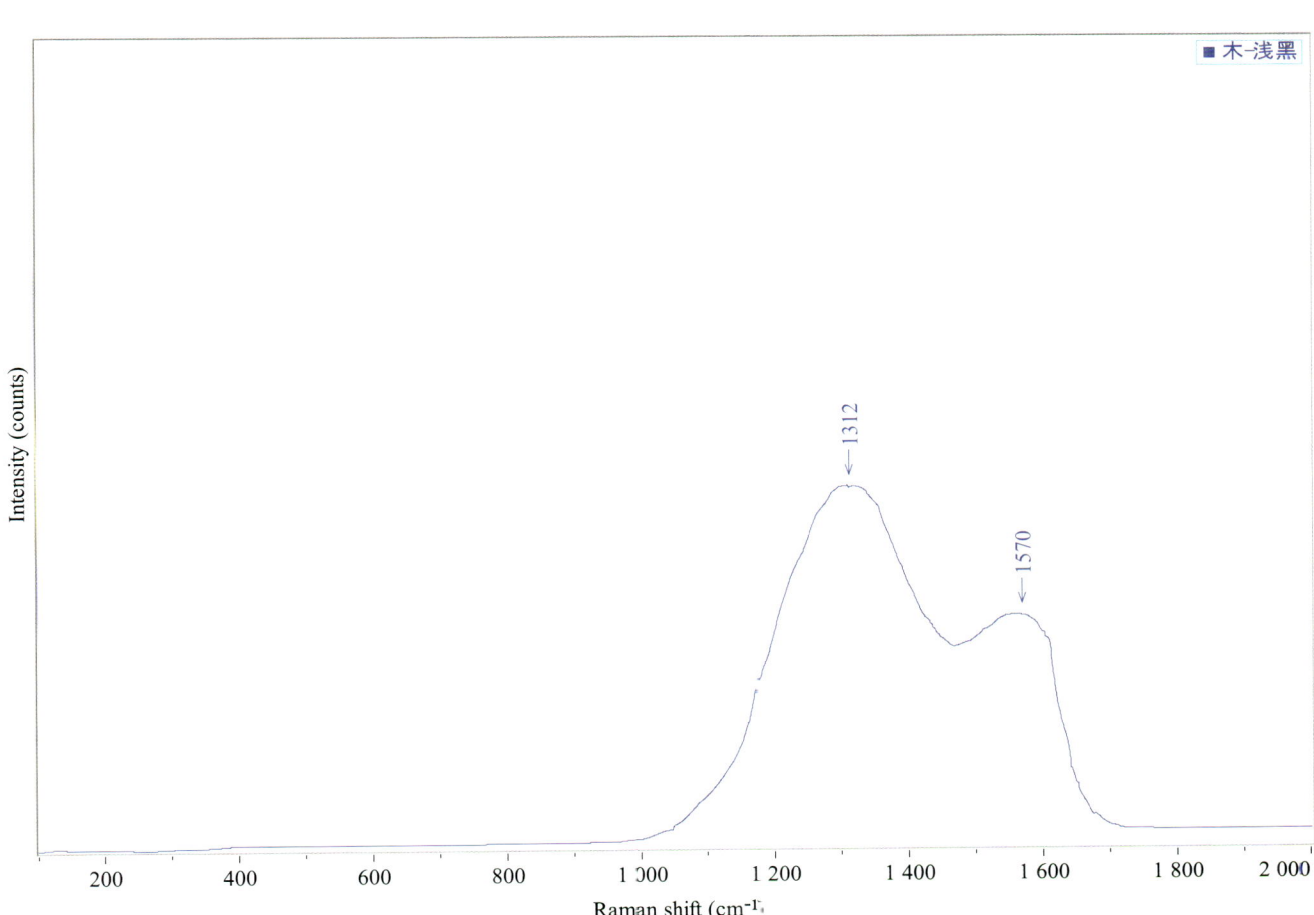

棕色：检索结果，赭石、炭黑

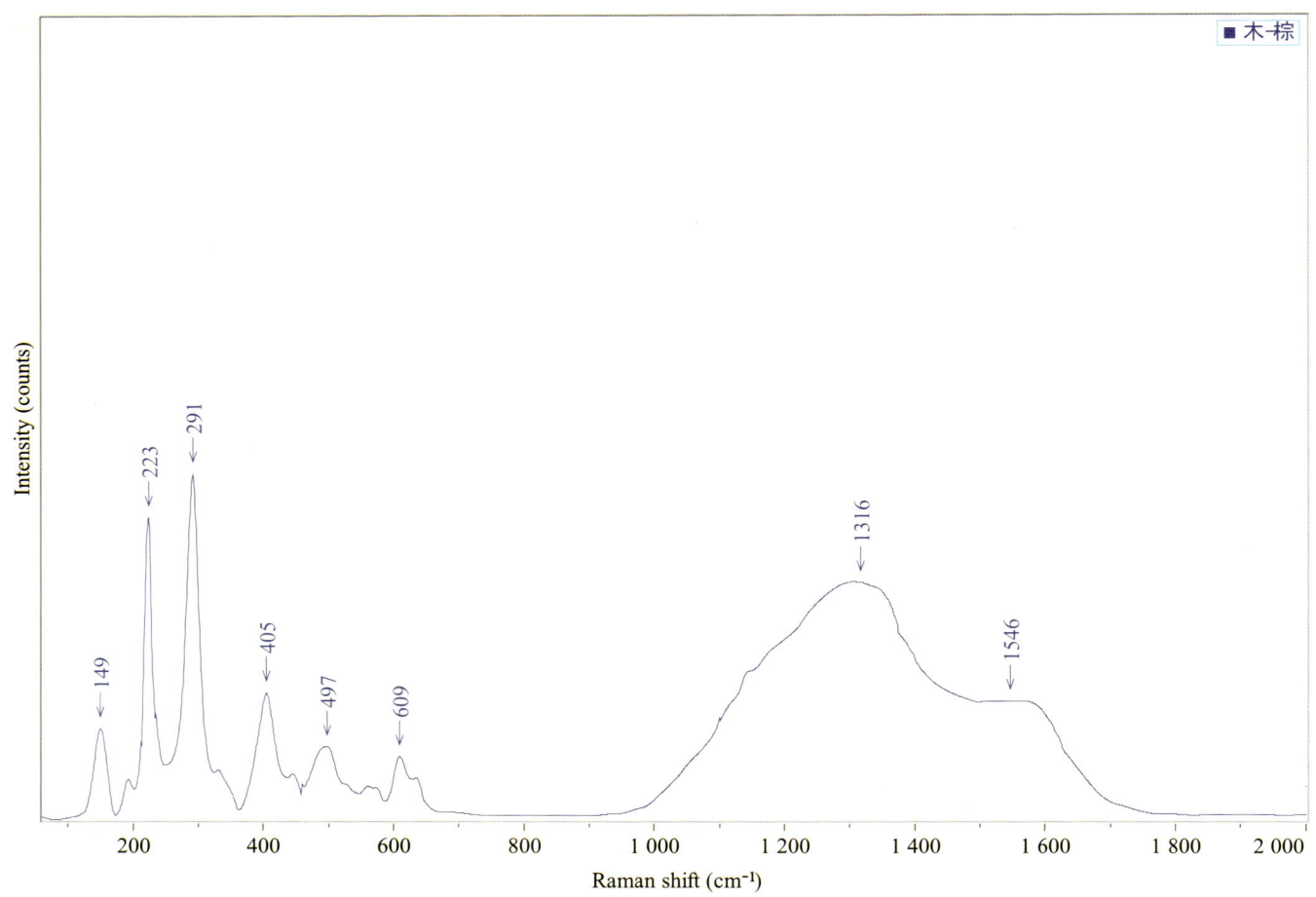

总结

1. 大殿内壁画颜料成分，对典型颜色的颜料进行X荧光光谱和拉曼光谱检测，结果发现：红色为朱砂，即HgS；蓝色为普鲁士蓝，即$Fe_4[Fe(CN)_6]_3$；绿色为孔雀石，即$Cu_2(OH)_2CO_3$；黑色为炭黑；粉红色为朱砂和铅白调和而成；橙色为铅丹，即Pb_3O_4；白色原始应采用了铅白，混有石英，在后期受到空气中硫化物污染，有部分位置反应生成了硫酸铅。

2. 大殿内壁画在地震后曾经经过揭取、回贴等修复过程，选取裂缝处结构位置进行检测发现，壁画颜料层没有重层现象，但是现存颜料层很薄，在12-30μm左右。并且表面可能由于供奉和灰尘原因，在不同位置分散的分布有污染层，约10-15μm。白色底层发现有钛白、硫酸钙和碳酸钙，推测为回贴时采用了石灰进行填补。

3. 殿外木底彩画颜料成分，对典型颜色的颜料进行X荧光光谱和拉曼光谱检测，结果发现：红色为朱砂；白色为铅白；粉红和浅色红白位置均为朱砂和铅白调和而成；黑色和浅黑均为炭黑，未发现铅白氧化变黑现象；棕色主要为赭石（Fe_2O_3）和炭黑，炭黑可能来源于供奉时产生的碳颗粒附着；金色为金粉或金箔；黄色为雌黄（As_2S_3）。

注：检索匹配数据库来自于Bio-Rad KnowItAll软件HORIBA拉曼数据库